安楽死法:
ベネルクス3国の
比較と資料

盛永審一郎 監修

東信堂

はじめに

　戦後のベビーブーム世代が老年期に突入した。60年ほど前は至る所、子どもであふれていた。今や、スーパーも山も病院も、ありとあらゆるところに老人があふれている。大量死時代という人もいる。しかも医療の進展のおかげで長寿社会である。健康に長生きして、あの世へと無事旅立つことができるのならいいのだが、必ずしもそうは行かない。ある者は認知症になり、自分が誰かもわからずに彷徨い歩き、ある者は癌を患い苦痛の中で悶えながらひとり死を待つ。「安楽に死ねたなら」、頭の中をよぎる言葉である。

　かつて近代哲学の父デカルトが『方法序説』を執筆・出版するために、宗教的権威をのがれて隠れ住んだ「自由の国オランダ」。このようにオランダには当時から自由に物事を考えることができる風土があった。だからこそ、オランダでは今でも「飾り窓」を見ることができるし、「ソフト・ドラッグ」も売られている。それらは各人が自ら判断すべきことなのである。だから、死ぬのも自由、安楽死も認められている……と考えるのも自然かも知れない。しかしそう考えるのはあまりにも短絡的である。オランダの安楽死法（2002年）とは、あくまでも医療上の生命終結の審査法であって、自死の権利を認める法律ではない。

　医療上の生命終結の決定には3つのタイプがある[1]。

1) 生を維持する可能性がある治療、たとえば、人工換気、栄養チューブ、血液透析、心肺蘇生を差し控えたり、取り外す決定。いわゆる尊厳死。
2) 苦痛や他の症状を緩和する決定、たとえば、オピオイド、ベンゾジアセピン、バルビツール酸塩などを多量に投与し、起こりうるあるいは確実な副作用として死を十分に早める。いわゆる緩和医療死。
3) 安楽死、あるいは医師による自殺幇助を遂行する決定、すなわち患者の明白な願いで致死薬を投与、処方、供給する決定。

オランダの安楽死法とはこの中で最後のタイプである。すでに1993年に遺体処理法が改正され、事実上安楽死が容認されていた。しかし、この法では、安楽死を行った医師は、不名誉にも自らを被疑者として届けねばならず、またその手続きも相当に煩瑣なため（立法化された今日においてもそれは変わらない）、その結果無届けで行われている現実があった。それは届け出数と同じくらいで、年に3,000件と言われていた。

1990年より政府により5年ごとに実施された医師たちへの聞き取り調査の統計によると、医師が安楽死させた理由としては、「見込みがない、耐え難い苦痛が74％、尊厳の低下が不可避が56％、苦痛がより強く、広くなることが避けがたいが47％」だった。とりわけ患者の明確な意思表示なしに治療を中止したり、殺すことが行われた900のケースがあった。それに対する根拠として挙げられたのは、「医学的治療はどれも見込みがなくなっているが67％、改善へのいかなる見込みもないが44％、家族がもはや耐えられないが38％、あるいは生命の質が極端に低いが36％」だった。それ故に安楽死をするかしないかの決め手となるのは、患者の自己決定、患者の意思ではなくて、耐え難い、見込みのない苦悩、生の質の医師による推定に基づく判断だった[2]。これはグレーゾーンになる恐れがある。ここの透明化を図ることがオランダ安楽死の立法化の目的だった。

日本はすでに第2のタイプを暗黙に緩和医療学会の指針等で認めてきた。そして、ここ数年、超党派の議員連盟により、第1のタイプの尊厳死を法律

で許容しようという『尊厳死法案』が国会に上程されようとしている。ここ十数年、終末期における治療の停止などの行為が繰り返される度毎に、手を貸した医師を訴追するか、訴追しないかということが問われた。しかし、議論はされはするが意思決定のプロセスが作られただけで、それ以上は煮詰められていない。この法案の骨子は、二人以上の医師が終末期であると判断した場合、患者の意思を尊重して、治療の差し控え・中止をした医師の責任を免責するということ、にある。

オランダ安楽死法と何が異なるのか。尊厳死と安楽死の相違ばかりが強調されるが、それ以上にもっと大切な相違がある。それは、日本には「患者の権利法」が存在しないということである。つまり、日本の医療は、患者の自己決定を重視する新しい医の倫理ではなくて、相変わらず、医師が患者に代わって決めるというパターナリズムなのである。日本医師会「医の倫理綱領」(2000年) にも、「薬剤師倫理規定」(1997年) にも、患者の権利や意思を尊重するという文章はない。それにもかかわらず、終末期の場面でだけ、患者の意思を尊重しようというのである。そこに薄ら寒さを感じるのは私だけではないだろう。

10年ほど前にスイスの自殺幇助団体ディグニタスを訪れたことがある。この団体は、1998年にチューリッヒに設立された団体で、スイス以外から（日本も）も希望者を受け入れている。ドイツからバスを仕立ててくる場合もあり、「死のツーリズム」と呼ばれ、安楽死を法的に許容していないドイツでは厳しい批判の声が上がっている。スイスでは医師以外による自殺幇助は、利己的な動機でなければ、違法ではない（スイス刑法115条）。この団体の代表者の弁護士ミネリ（Minelli）氏が言うには、ドイツでも近頃自殺者は45分に一人の割合、未遂者は59秒に一人の割合でいるとのこと。日本と同じように鉄道自殺も多くなっている。しかし多くの場合、失敗して悲劇的な状況にいたる。ミネリ氏は、「死の援助」の必要性を語った。自殺を試みる人の数の多さ、孤独な死、そして無意味な悲惨さ。しかし一方で対話を交わす中で自殺を望んでいた人の70%が逆に生を選ぶようになったとも言った。これは、安楽死法を持つ国の人々も指摘することであるが、死を可能性の一つとして

与えることが、逆に死へのストレスから患者を解放し、生きる力になるということらしい。ミネリ氏は、ドイツの詩人・シラーのウイリアム・テルの中から引用した。「そこの橋から一跳びすれば、救われます」と。

しかし、そうであるとしても、安楽死を社会が認めることは「傷つきやすい人々にとってとてつもない脅威」という聖クリストファー・ホスピスの創立者C.ソンダースさんの言葉も消されずに、私の心に突き刺さったままである。

世界では医療上の生命終結の決定をどのような原理で、どのように法的に整備しているのだろうか。本書は、安楽死法を持つベネルクス3国の法とその実際を絵で描くように示し、比較検討する材料を提供したい。

注
1   Cf. J. J. M. van Delden, Luc Deliens et al., Do-not-resuscitate decisions in six European countries, *Crit Care Med*, 2006, Vol.34, No.6, p.1607.
2   Cf. Süddeutsche Zeitung, Donnerstag, 17, Juli 2003.

安楽死法：ベネルクス3国の比較と資料／目次

はじめに ……………………………………………………………………………… i

本編　ベネルクス3国の安楽死法　　3

1　オランダ安楽死法の内容と実態（盛永審一郎）　5

1　オランダ安楽死法 …………………………………………………………… 5
2　注意深さの要件（正当な配慮基準） ……………………………………… 12
　　1) オランダ法の「独立した医師への相談」について（13）
　　2) 東海大学横浜地裁判決にある「死期が切迫している、不可避である」について（13）
　　3) 生命の終結の医療化（14）
3　透明性——安楽死審査委員会（Regionale toetsingscommissies euthanasie）…… 16
4　家庭医制——信頼性と安楽死クリニック ……………………………… 20
　　1) 家庭医（20）
　　2) 安楽死クリニックSLK（23）
5　残された問題——自律原則 ……………………………………………… 25
　　1) 医師の判断について（26）
　　2) 患者の自律的な決定について（28）
　　3) 患者の自律的な決定について（29）
6　「すべり坂論証」再考 ……………………………………………………… 30
注（32）

2　ベルギーにおける終末期医療に関する法的状況（本田まり）　37

1　はじめに …………………………………………………………………… 37
2　2002年の立法および安楽死法改正 ……………………………………… 38
　　1　刑法典との関連　　38

2　安楽死法の制定および改正　　　　　　　　　　　　　　38
　　　　1）　安楽死法の概要（39）
　　　　2）　2005年の法改正（41）
　　　　3）　2014年の法改正（42）
　　　　4）　憲法裁判所による2015年10月29日の判決（43）
　　　　5）　法改正の検討（45）
　　3　緩和ケアに関する法律　　　　　　　　　　　　　　　　45
　　4　患者の権利に関する法律　　　　　　　　　　　　　　　45
3　法制度の運用に関する評価および近時の動向
　　──答申、報告書および事例　　　　　　　　　　　　　　46
　　1　ベルギー生命倫理諸問委員会による答申　　　　　　　46
　　2　監督委員会による報告書　　　　　　　　　　　　　　47
　　3　諸団体　　　　　　　　　　　　　　　　　　　　　　48
　　　　1）　尊厳死の権利協会（48）
　　　　2）　医師らの養成（48）
　　4　欧州生命倫理研究所による評価　　　　　　　　　　　48
　　5　事例　　　　　　　　　　　　　　　　　　　　　　　49
　　　　1）　オランダ語圏における事例（49）
　　　　2）　フランス語圏における事例および緩和ケア（51）
　　6　宗教的見解　　　　　　　　　　　　　　　　　　　　52
4　おわりに　　　　　　　　　　　　　　　　　　　　　　　52
注（53）

3　ルクセンブルクにおける終末期医療関係法の現状と課題（小林真紀）　　56

1　はじめに　　　　　　　　　　　　　　　　　　　　　　　56
2　緩和ケア、事前指示書および終末期の付添いに関する法律　57
　　1　緩和ケアの定義　　　　　　　　　　　　　　　　　　58
　　2　不適切な治療の中止、拒否（arrêt ou refus de traitements inappropriés）　58
　　3　事前指示書（directive anticipée）　　　　　　　　　　60
　　　　1）　作　成（61）
　　　　2）　効　果（61）

3）事前指示書の閲覧および保管の方法（62）
3　安楽死および自殺幇助に関する法律 ……………………………63
　1　実施の要件　　　　　　　　　　　　　　　　　　　　　　63
　　1）実体的要件（64）
　　2）実施手続（67）
　2　終末期の意向書(disposition de fin de vie)　　　　　　　　　68
　3　国立監督評価委員会(Commission Nationale de Contrôle et d'Evaluation)　69
　　1）機　能（70）
　　2）委員会による勧告（72）
　4　むすびにかえて　　　　　　　　　　　　　　　　　　　　73
注（75）

4　ベネルクス3国の安楽死法──比較と課題（盛永審一郎）　78

1　ベネルクス3国の安楽死法の比較 ………………………………78
　1　成立への経緯　　　　　　　　　　　　　　　　　　　　　78
　2　3国の法の内容　　　　　　　　　　　　　　　　　　　　79
　　1）共通点（79）
　　2）相違点（80）
　3　安楽死法の運用に関して　　　　　　　　　　　　　　　　81
　　1）類似点（81）
　　2）相違点（82）
2　「尊厳死・セデーション」と「安楽死」の比較──医療上の生命終結の決定…82
　1　作為と不作為　　　　　　　　　　　　　　　　　　　　　88
　2　意図と予見　　　　　　　　　　　　　　　　　　　　　　89
3　安楽死の焦眉の観点 ………………………………………………92
　1　認知症／精神疾患のケース：終末期に限られない　　　　　92
　2　安楽死の意思表明書　　　　　　　　　　　　　　　　　　93
　3　耐えがたい苦痛の問題　　　　　　　　　　　　　　　　　96
注（97）
比較表：オランダ・ベルギー・ルクセンブルク安楽死法 ………………102

資料編　　　　　　　　　　　　　　　　　　　　117

1　オランダ（翻訳　ベイツ裕子）　　　119

1　2001年・要請に基づく生命終結および自殺幇助（審査手続）法
（甲斐克則訳）　　　119
2　安楽死審査委員会の手続き　　　127
3　安楽死審査委員会（＝RTE）2014報告書から　　　130
4　Code of Practice（実施手引き書）　　　134

2　ベルギー（翻訳　本田まり）　　　151

1　2005年11月10日の法律により補足された（第3条の2を参照）、安楽死に関する2002年5月28日の法律　　　151
2　2002年6月14日――緩和ケアに関する法律　　　160
3　安楽死に関する事前の宣言書　　　162
4　安楽死を未成年者に拡張することを目的として、安楽死に関する2002年5月28日の法律を改正する2014年2月28日の法律　　　166

3　ルクセンブルク（翻訳　小林真紀）　　　168

1　緩和ケア、事前指示書および終末期の付添いに関する2009年3月16日の法律　　　168
2　安楽死および自殺幇助に関する2009年3月16日の法律　　　178
3　ルクセンブルク安楽死法の制定過程　　　187
4　国立監督評価委員会「安楽死および自殺幇助に関する2009年3月16日の法律　第3次報告書（2013年－2014年）」（抜粋）　　　188
5　終末期の意向書のモデルについて　　　191

おわりに　　　195
執筆翻訳分担紹介　　　198
初出・関連論文一覧　　　199
索　引　　　201

安楽死法:ベネルクス3国の比較と資料

本編　　ベネルクス3国の安楽死法

1 オランダ安楽死法の内容と実態

盛永審一郎

1 オランダ安楽死法

　安楽死には、医師が直接に筋弛緩剤を静注して生命の終結を図る場合（直接的安楽死）[1]と、医師が患者の要請に応じて薬剤を処方し、本人がその薬剤を自ら経口服用して自死する場合（間接的安楽死＝介助自殺）[2]の二通りがある。ともに日本では法律（刑法202条）で罰則を持って禁止されている。しかし、もし本人が望んでいるならば、激しい苦痛の中で悶え苦しみながら死ぬよりは、死を迎えさせてもよいという考え方は、日本においても江戸時代に切腹の際に行われた介錯などにも見受けられる。

　オランダは「安楽死のできる国」として知られている。30年以上の長い議論の末[3]、2001年に成立し、2002年4月1日に施行された『要請に基づく生命終結および介助自殺（審査手続き）法』[4]（通称：安楽死法）があるからだ。この法の制定によって、オランダでは安楽死は合法化されたと言われている。しかしこの安楽死が「できる」を「患者の権利」とまで理解すると、それは間違いである。2003年1月のEU評議会がヨーロッパ34か国で行った調査において、「安楽死ができるか」という質問に「はい」と答えたのは、オランダと同じ年の9月に安楽死法が施行されたベルギーだけだった[5]。だから

公的にはそうではない。「刑法の293条および294条[6]によれば、オランダにおいて安楽死は原則として禁止とある。刑法上では、その禁止事項に特例を設けるという形で、安楽死はこの（安楽死）法に記された注意深さの要件を満たしている際は訴追しない」[7]、とされたにすぎないのである。

　ある日本の学会に招聘されたオランダの医師で生命倫理学教授のデルデン氏は、講演を次のように始めた。「オランダは非常に平坦な国であるが、安楽死に関して言えばスキーですべり降りることすらできる坂があるように思われている」[8]。もとより生命の終結行為そのものが生命の神聖さを侵す故に、安楽死は許容できないとする考えもあるが、反対論の主流の一つはこのすべり坂論証である。ドイツではダム決壊論証と名付けられるこの論証は次のようなものである。自発的安楽死、つまり末期癌患者の耐えがたい苦痛からのがれるための、患者の自律的な死の要請に基づく安楽死はそれだけで理解すると倫理的に受け入れ可能かもしれない。しかしこれを許容すると、必然的に、倫理的に許容しえないとみなされている安楽死、たとえば後期認知症の患者のような判断能力を欠いた患者の非自発的安楽死や、ナチスドイツによる障害者の安楽死のような意思に反した反自発的安楽死までもが許容されることにつながる。だから議論されている最初の1歩も許容されてはならないと逆推論される。そうでなければ、もはや安楽死はいかなる支えもない「斜面＝すべり坂」におかれるだろうというものである[9]。果してオランダの現状は安楽死にとって格好なゲレンデとなったのだろうか。

　オランダでは、安楽死法が良好に機能しているかどうかを裁決するための前提として、1990年に政府によりレメリンク委員会（Remmelink Commission）[10]が設置され、医師による生命終結の実施の頻度と実施の際の主な特徴に関する体系的な調査が5年ごとに実施されてきた。2010年に第5次の調査が行われ、評価書が統計局により公表された[11]。「死亡調査はオランダ中央統計局によって行われた。無作為抽出した死亡者の個人名は調査員側に知らされておらず、調査報告書に記入した医師の個人情報も、調査に関する質問リストを回収した時点で破棄された。返答率は74％とかなり高く、以前の死亡調査時の返答率と同等であった。重要な質問の言いまわしは以前

の調査時と同じであるから、比較対照は良好に行える」[12]。そして次のように考察の結果がまとめられている。「この調査をベースにするだけでは、安楽死法が良好に機能しているかどうかということの広範囲における裁決はできない。しかも、人生最後の治療処置の質に関しては調査されていない。この調査で明らかになったことは、医学的ケアの領域と人生の最後の局面における患者の意思決定は今もなお流動的であり、調査に注意を向けつつコントロールしていかなければならないということである」[13]。

このように、コントロールの必要性がまだ説かれるほど慎重な結論であったが、委員会の調査結果は以下のとおりである。「2010年の安楽死の実施は、すべての死亡者数の2.8%（3,830人）であった。全死亡者数の0.1%（200人）が介助自殺を受けた。2010年の全死亡者数のうち9,100人が彼らの家庭医[14]に安楽死、あるいは介助自殺を依頼した。そのうちの約半分にあたる5,050人は実施にこぎつけることができなかった。それまでの年と同じく、2010年においても80歳以下の場合及び癌患者の場合における安楽死と介助自殺のほとんどの症例が家庭医によってなされている。これらの患者の大部分の余命は1ヶ月以下だと診断されていた。高齢者や他の診断名の患者は、癌患者に比べて彼らの依頼が実施されない場合が多かった。2010年における承諾された依頼の割合が2005年（2,410人）に比べて増加したのは、医師たちが安楽死や介助自殺の依頼を快く受諾するようになった、あるいは安楽死施行の規準を満たす安楽死要請の頻度が高かった、と説明できる」[15]（表1）。

また報告書によると、安楽死に比べて介助自殺の数が少ない。オランダ王立医師会はそもそも介助自殺が優先されることを望んでいた。しかし医師会の勧告にもかかわらず、安楽死の頻度が高いのは、「患者が自ら薬剤を経口服用するときに生じやすい予想外の問題が生じた場合に利用可能な医療上の援助をすることを望んでいるといったことである」[16]。また、2015年に政府の要請で、安楽死審査委員会（Regionale toetsingscommissies euthanasie=RTE）[17]が作成した『実施手引き書（Code of Practice）』によると、「医学的見地での慎重な実行」の箇所において以下のように記載されている。「介助自殺：医師はすぐ近くに留まる。患者が希望すれば、安楽死用薬剤を患者が内服した

表1　オランダ安楽死の推移（調査委員会報告）

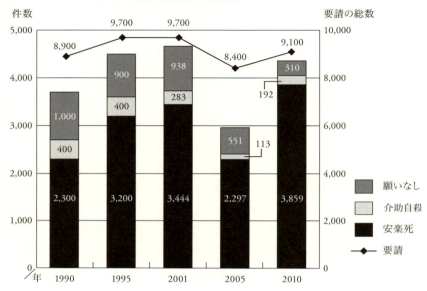

後、医師は退室できる。しかし、医師は、何事にもすぐに対処できるように（たとえば患者がバルビツレート剤を吐いてしまった場合などに備えて）患者のすぐ近くの場所に留まっていなければならない。医師の投薬（静注）で安楽死を完了させるといった事態は起こりうる。その可能性に関して、医師は事前に患者および家族と話し合い、患者と時間を決めておき、その時間経過のあと、必要であれば、生命終結を医師によって完了させる。医師はこのような事態の可能性を考慮して、あらかじめ患者の輸液ラインを確保して、生命終結用の薬剤も準備しておく」[18]。このようにオランダでは、介助自殺の場合もすぐ近くに医師は待機していなければならない。薬の処方だけして、あといつ飲むかを本人にまかせるアメリカのオレゴン州の尊厳死法とは異なるのである[19]。実際に私がお会いした家庭医の一人も安楽死審査委員会に呼ばれて、介助自殺を行った際に「（最後を家族だけにしてあげようと）席を離れた」ことの注意を受けた旨話していた。また介助自殺がうまくいかず急遽、用意された緊急セットで「安楽死」に代える場合もあるので、報告書にあるよう

表 2　安楽死の推移（安楽死審査委員会報告）

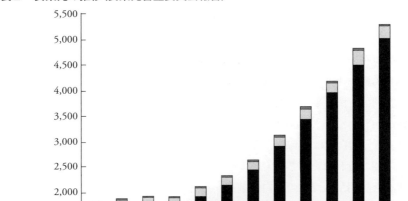

	2003	2004	2005	2006	2007	2008	2009	2010	2011	2012	2013	2014
両方	41	31	25	26	30	33	37	44	53	38	42	31
介助自殺	148	141	143	132	167	152	156	182	196	185	286	242
安楽死	1,626	1,714	1,765	1,765	1,932	2,146	2,443	2,910	3,446	3,965	4,501	5,033

に、「両方」というケースが出てくる（表2）。

　調査報告書（表1）のように数値の上では安楽死の件数は増加しているが、調査委員会は「すべり坂はなかった」と見ている[20]。安楽死が法制化されても、安楽死の必要がない人まで安楽死に至ることはなかったということ、低学歴で貧しい高齢者、未成年、精神疾患を患った患者、人種、民族マイノリティが特に安楽死することはなかった[21]ということである。調査委員の一人であるハイデ氏も以下のように言う。「これらすべてのグループについて具体的なデータはないが、一般的に言って、データからは、安楽死が弱者グループにおいて比較的よく行われていることは証明されない。社会経済的地位の高いグループの人々が安楽死を受ける割合は、社会経済的地位の低いグループの患者の1.2倍であり、この割合は、人種的マイノリティの人々においてはより低い。オランダとベルギーでは、すべての人々が医療保険を掛けられているため、［無保険者における安楽死は］これらの国には当てはまらない関心であるが、それは、アメリカ合衆国のような国々の関心事

としてしばしば表明されている。他のグループについて具体的なデータはないが、安楽死を受ける患者の癌罹患率に関する証拠からすると、安楽死がこれらのグループにおいてよく行われている可能性は低い」[22]。

ベルギーも、数値の上では安楽死は毎年確実に増加（2003年235件→2013年1,807件）しているが、調査しているデリエンス教授によると「ここ何年かの展開は、滑りやすい坂道の仮説を検証するための何らの指摘にすらなっていない」[23]とし、「われわれの調査結果によれば、大要、安楽死および医師による介助自殺は、高齢、女性、十分な教育を受けなかった者および独身患者の間で行われたことの方がより少なかったが、それは、滑りやすい坂道の理論を証明するだけの明白な証拠が存在しなかった、という点を強調するものである」[24]と続けている。

しかるに一方、オランダで安楽死する患者の数は、法制定後毎年うなぎ登りに増えている。安楽死審査委員会の報告（表2）によると、2014年にはついに、安楽死を行った医師による検死官への届出数は5,306人となり[25]、2002年の安楽死法施行後、14年末で総計37,680人になった。そして12年以降は法制定以前の安楽死の想定数（2001年3,500人）をも超えている（もっとも、法制定以前は、無届けの安楽死が同数あるとされていて、6,000人と推定されていた）。

他方で安楽死を要請している患者の数を見てみよう（表1）。毎年9,000名以上いると推定されている。ということは、安楽死を望んで医師に要請しても、必ずしも医師にこの要請に応じてもらえるとは限らないということだ。半数以上は思いを遂げられずにいるということである。それには二つの理由が挙げられている。一つは、オランダの安楽死法には、安楽死審査委員会が裁定を行う「注意深さの要件」[26]というのが記載されていて、この要件をすべて満たしていない限り、安楽死を行った医師は訴追される可能性があることになるから、医師も引き受けるに際して要件を満たしているかどうか慎重に確認するということである。そのことは、安楽死法が施行された年の安楽死の届け出数が1,882件と安楽死法施行以前よりも減少したことからも推測される。もう一つは、たとえ要件を満たしていても、医師の思想信条によ

表 3　安楽死審査委員会の最近の傾向

	2012 年	2013 年	2014 年
注意深さを満たしていない案件	10	5	4
認知症の案件	42	97	81（SLK14）
精神疾患の案件	14	42	41
安楽死クリニック（SLK）の案件	32	107	227

り、患者の要請を断る医師がいるということ、すなわち医師には、患者の要請といえども、それに応じる義務はないということである。「注意深さの要件が満たされていても、医師には患者の要請に従う義務はない。安楽死は患者の権利ではない。医師は、安楽死実行を拒否することができる」[27]。だから、安楽死を認められずに、苦悩して自分で薬をためたりして、それを一気に飲んで自死を遂げるなどのケースがでてくる。「医師の直接の介助なしに患者が自分で生命終結を行った症例は、死亡調査に基づけば 2010 年の全死亡者数の 1.7％にのぼる。患者が飲食を断ったことによる死亡は 0.4％（600 人）、自分で収集、備蓄しておいた薬剤を服用したことによる死亡は 0.2％（275 人）、そしてその他の症例、その大部分は暴力的な方法によるものである」[28]。

　オランダは、患者に「死ぬ権利」を認めたのではない。それならなぜ医師による安楽死が処罰されないことになるのだろうか。苦しみと安楽死を結ぶものがもう一つある。「治療を拒否する権利」がオランダの患者にはあるということである。すでに安楽死法に先立って 1994 年に「医療契約法」[29] がオランダで成立している。450 条に「患者の必須の同意」が謳われている。その第 1 項に「患者の同意は医療契約の遂行上行われる処置のために不可欠である」とある。したがって、この権利により、患者が同意を与えない場合、医療者は医療上の行為を何もできないことになる。それは同時に患者が苦しみの中に放置されることを意味する。

　だから医師から要請を断られる患者を見かねて、2012 年に「安楽死クリニック（SLK）」がデンハーグにできたのだ。安楽死を専門に行うクリニックである。とはいえ、それは安楽死を専門に行う医師や入院する施設を備えたものではなくて、医師と看護師で構成された機動力のあるチームで、要請が

あれば、オランダ全土の患者を訪問し、要請に答えていくクリニックのことである。このクリニックからの安楽死の届出数は、安楽死審査委員会報告によると、12年32件、13年107件、14年227件と、これまたうなぎ登りに増えている（表3）。ところがこのクリニックは、同じ年に安楽死法が施行されたベルギーにはまだ皆無である。なぜなのだろうか。ベルギーでも安楽死の数はうなぎ登りに増えているのだが[30]。

2　注意深さの要件（正当な配慮基準）

　それでは、患者の要請に応えた医師がその責任を阻却されるために守らなければならない「注意深さの要件」とは何か。安楽死法第2条において次のように定められている。安楽死の行為は、事例を届け出て、以下の正当な配慮（due care）の規程に従って行為した医師によって行われた場合においては処罰されない。すなわち、医師が、
　　ⓐ患者の要請が自発的かつ十分に考慮されたものであることを確信し、
　　ⓑ患者の苦痛が耐えがたく解放される見込みのないものであると確信し、
　　ⓒ患者に対してその状態および見込みについて説明し、
　　ⓓ患者の状態への合理的な代替策が他に存在しないという結論に患者と一緒に達しており、
　　ⓔ別の独立した医師に相談を行い、当該独立した医師が患者を診察し上記の4点についての医師の評価に合意しており、
　　ⓕ安楽死を慎重な方法で実行した場合。
　以上の6要件である。
　ところが、これを日本の東海大学「安楽死」事件横浜地裁判決の安楽死の4要件（1995）「①死期が切迫している、不可避である、②耐え難い激しい肉体的苦痛がある、③苦痛を除くための方法を尽くし、他に代替手段がない、④患者の現実の同意」と比較すると、オランダ法では「独立した医師への相談」という要件が付加されていることが、東海大学病院横浜地裁判決にある「死期が切迫している、不可避である」という要件がオランダ法にはないと

いうことがわかる。

1) オランダ法の「独立した医師への相談」について

　医師が、上の要件のⓐ、ⓑとⓓの確信において、ひとりよがりな主観的な判断に陥らないためにも、もう一人の医師の確認が必要である。しかも、同僚とか友人の医師ではなく、独立した医師の確認が必要である。そこで、オランダ王立医師会は、SCEN（オランダ医師会のサポートセンター）[31]を創設し、そこから派遣される教育訓練を受けた第三者の医師が医師の報告書を読んで患者を訪問して診察・面談する体制を整えた。耐え難い痛みであるか、本当に治療の方法がないのかを確信し、および自分の意思で生命終結を希望しているのか、たとえば家族からの圧力や他の事情によるものではないことを確認する。そして SCEN 医師も報告書を書く。その報告書は医師のところにも送られてくる。同様のサポートシステムはベルギーにもある。「両国において、医療専門職団体は、医師が安楽死について決定し、それを実施する際に医師を支援する責任があると感じていたため、助言と支援を提供し、さらには法律上要求されるフォーマルな相談を担いうる相談医に対するフォーマルな訓練システムを設けてきた。オランダにおいて、そのシステムは SCEN として知られており、ベルギーでは LEIF と呼ばれている」[32]。「殆どの場合、独立した相談医は SCEN 医師である。これは、SCEN 組織において相談医となるトレーニングを受けた医師である。SCEN 医師は、地域 SCEN グループの一員である」[33]。

　現に、家庭医と相談医が知り合いであったため、相談医の独立性を満たしていなかったとして、「注意深さの要件を満たしていなかった」と審査委員会により裁定された案件が、安楽死審査委員会 2013 年報告[34]では、2 件あった。

2) 東海大学横浜地裁判決にある「死期が切迫している、不可避である」について

　すでに認知症や精神疾患の患者さんにおける安楽死が 2006 年報告書[35]より報告されていて、2012 年、13 年、14 年では、認知症 42 件、97 件、81

件、精神疾患14件、42件、41件と増加している（表3）。これらは必ずしも、死期が切迫している事例ではない。これらの安楽死の事例が「注意深さの要件を満たしていた」と審査委員会により裁定されたことから明らかなように、オランダでは生命終結の決定にあたっては「死期が切迫している必要はない」ということである。「安楽死法上では、患者の余命に関して記載されていない。注意深さの要件を満たしていれば、患者の余命は関係ない。実際の現場では余命に関して考慮されているが法律上は、余命の長い患者の安楽死要請に対してもオープンである。中心となるのは、自発的で良く考えた上での要求であり、耐えがたい苦しみがあること、希望のない状況であることが条件である。安楽死は終末期に限るという条件はない」[36]。

3） 生命の終結の医療化

　すでに、オランダでは医師には安楽死の要請に応える義務はないということは述べた。ここでは、要件ⓑについて考えよう。この要件はベルギーやルクセンブルクの安楽死の要件の文章とは異なる。「確信し」と挿入されている点である。すなわち、医師が患者の苦痛を確信しなければ、要請に応じなくてよいということである。デルデン教授はこれを「医療化」と呼んでいる。講演でデルデン氏は以下のように述べていた。「安楽死問題への回答は、思いやりの重要性を強調している。この観点から、生命の尊重はよい緩和医療と同様に最も重要である。しかし、この見解の支持者はしばしば、生命が無意味な生存に変えられるほどの苦しみを伴う病気と死が訪れる場合もあることを認める。もしもありとあらゆる緩和手段が効を奏さないならば、安楽死は正当化され得る。安楽死に関するこの見解の結果は、生命の終結の「医療化 medicalisation」である。なぜなら安楽死が正当か否かは、主として医療の裁量になるからだ」。

　デルデン氏は、ⓑおよびⓓは、医師が状況を専門的に評価する余地を明らかに残していると指摘し、「この法律のもとにおいても、オランダでは死ぬ権利はなく、特定の条件をみたした患者の要請であっても医師が従う義務もないのである。したがって私の結論は、安楽死は義務に忠実な最後の手段と

して扱われている、ということだ」[37]と言う。

　私がお会いした「安楽死審査委員会」の総書記長のビゼー[38]氏は、安楽死は患者の要請に基づき、医師が「慈悲心 barmhartigheid」からなす行為と表現していた。しかし、デルデン氏は慈悲心では医師が「高位から施す」というイメージが強いとし、患者の耐えがたい苦痛に同情して、すなわち、「思いやり mededogen（compassion）」から、と言った。あるいは、ケアリングという表現の方がもっと適切かもしれない。まさしく患者の動機を自分の動機とする転移[39]が医師におこる場合にということなのだ。おこらなければ、安楽死を拒否できるということである。このようにオランダの生命終結の必要十分条件は、患者の意思ではなくて、医師による患者の「苦痛の耐えがたさ」の確信なのだ[40]。だからあくまでも死は医療のもとに置かれている。しかしここには危険もまたある。それは、医師が「誰が生きてよいのか、死んでよいのか」を決定することに通じるからだ。近代の第一の哲学者カントはこの「思いやり」（慈悲心）を道徳の原理とすることに対して反対した。それは主観的な判断であり、普遍的道徳判断がなされないからだ。カントはむしろ義務に従うという原則主義の立場を採用する。

　そこでこの医師の確信の客観性の担保として「独立した医師の確認」が意味を持つことになるのだが、デルデン氏はこれとは別のことを指摘している。「しかしながら、オランダの安楽死の実践の現実は、患者の自律性の尊重がますます強調されるに伴って、別の方向へ発展しているように見える」、ともいう。たとえ、苦痛がコントロール可能であったとしても、苦しみ衰弱しながら生き延びることを望まない患者もいる。このような患者は「いつどのように死ぬかを自律的に決めたいと望み、多かれ少なかれ健康であったときの姿で親族に記憶されたいと望む。彼らは、終末期が本当に始まる前に人生から退場したいと望み、医師に致命的な仕事をしてほしいと望む」[41]。実際、ベルギーはこの自律性を原則とする方向で進んでいる。2013年には、生まれつき聴覚障害を持つ双子の兄弟が視覚障害も患い、お互いの顔を見ることができなくなることは耐えがたいと安楽死した。また、心と異なる体に閉じ込められて生きることは耐えがたいと、性転換手術に失敗した男性が安楽死し

た。2014年9月には、適切な治療を受けることができないことの精神的苦悩から安楽死を要請していた、強姦罪による長期刑受刑者の安楽死も控訴審で認められた[42]。

　このような脱医療化としての自由化は、旧来の医の倫理を専門職のパターナリズムとして批判するバイオエシックス運動として1970年代にアメリカで登場した。患者の自律権が最重要原則となり、それがインフォームド・コンセント（告知と同意）に具体化した。これが今や死の場面へと広がったのだ。死を医師の手から切り離し、患者のもとに所属させる自由化だ。しかしそうだとすると医師は必要なくなるか、ただの死の技術者ということになる。オランダでも、認知症や拒食症の患者のように終末期ではない患者の安楽死をめぐり、昨今議論が繰り広げられている。しかしここで主張される自律権とは、過剰な延命治療を拒否し、死ぬに任せることを認める「消極的権利」なのか、安楽死まで認める「積極的権利」なのかは、さらに問われるところでもある。

3　透明性──安楽死審査委員会（Regionale toetsingscommissies euthanasie）

　オーストラリアの生命倫理学者H. クーゼは安楽死法の成立のための4条件を提示していた。①「透明性」、②「同意原則（自律性）」、③「信頼性」、④「高福祉」である。「確かなことは、安楽死の処置の乱用を防ぐ最善の方法は、医療における生命を終わらせる決定を**透明性**のあるものにすることであり、そのためには、社会の監視が機能するような制度を整備することである。判断能力がある患者の場合は、医師の意図ではなく患者の**同意**に焦点を移すことで透明性を実現することができるだろう」[43]。「判断能力のある患者の場合には、意図／予見の区別を放棄し、患者の同意を重視するのである」[44]。「意図という捉えにくい概念に重きを置いていくならば、………医師と患者の**信頼**関係が損なわれていくことにもなる」[45]。「もちろん、弱者が害を被らないように保護しなければならないし、安楽死を希望するよう圧力をかけられることのないよう保証しなければならない。このような危険は真剣

に受け止められるべきであり、国民皆保険が制度化されていない国においては、これは大きな問題である」[46]。

　これらの4条件が保証されて、終末期にある患者に一人の個人として余すところなく関わるケアリングが成り立つとクーゼは言うのである。そこで、オランダはこの4条件を満たしているかどうか、また満たしていればそれで果たして十分かどうかという検討を次に進める。同意については、安楽死法の注意深さの要件ⓐに明確に謳われている。

　結局、安楽死に手を貸した医師が訴追されない基準とは、注意深さの要件のⓒ、ⓔ、ⓕを医師が満たした上で、それぞれの案件の状況に注意しており、最終的に医師がⓐ、ⓑ、ⓓの点を確信していることとなるが、医師が注意深さの要件を満たして行ったかどうかを審査する役割を担うのが、安楽死審査委員会である。この委員会とこの委員会が刊行する報告書[47]がなければ、安楽死の透明性は確保されず、安楽死法そのものが結局は格好なゲレンデにおかれることになると言えるだろう。そこでこの委員会がどういう役割を担う委員会であるのかまず明らかにしよう。

　安楽死法と聞くと安楽死の許容条件である注意深さの要件ばかりに関心が向けられるが、オランダ安楽死法で量的に大きな部分を占めているのは、実は安楽死審査委員会の章である。オランダ安楽死法の第Ⅲ章には5つの地域審査委員会[48]の設置・構成・義務・権限等のことが規定されている。

　委員会の人数は、安楽死の届け出件数の年々の増加にともない、2012年12月に第1地域を除き、増員された。法律では、各地域の審査委員会は、3人（医師、倫理専門家、法律家／委員長）と3人の代替メンバーで構成されるとされていたが、さらに3人の代替メンバーが加わり、各分野3人から成る合計9人で現在構成されている。さらに、フルタイム勤務の書記も増加し、2013年の審査作業能率は改善されたと報告されている[49]。

　安楽死審査委員会は、国家統治法に基づいた行政機関の一つである。一般行政法1章1条1項に、行政に関する法があり、行政機関について書かれている。委員会はそこに記載されている行政機関に属している。委員会は裁判官に当たるものではなく、また、刑法のようなものでもなく、案件を平

等に判断し、裁定することが委員会の仕事である。重要な特徴としては、市民に関係する裁定をすることはできるが、委員会自体が医師を訴訟に持ち込むことはできなくて、単に、裁定できる機関ということである。

年間予算は約400万ユーロ。委員会の正式メンバーの他に、総計25人のサポート人員がいる。その内訳は、12.5人の書記及び12.5人の事務職員。書記は法律家で、会議に出席して裁決を記録する。事務職員は、名前などの個人情報やデータを打ち込むなどの事務作業をする。オランダ全土で、書記と事務員、合わせて25人が勤務している。第1書記は、会議をオーガナイズし、会議中は案件に対してアドバイスをする。第2書記（准書記）は法律家であるが、第1書記よりも能力がやや下で、彼らは裁定を記録するが、会議に出席はせず、アドバイスもしない。沢山の裁定が行われるため、記録作成担当者として多くの人員が必要である。ただし、書記には投票権はない。法律家、医師、倫理学者が投票して裁定となる。決定を下すのはこの3名である。

たとえば、フローニンゲン地域には委員長は2名いる。正委員長と不在時の代行委員長である。当地区は、他4地区と違って、代行委員は各1名のみ。当地区の委員の総数は6名となる。当地区の案件総数は他地区の約半分で、年間扱う案件は350件程度。他地区は、600～1,000もの案件を扱う。委員長は、委員長会議で協議するため、医師や倫理学者といったメンバーよりも勤務時間が長い。さらには、委員長は講演を行う。委員は、オランダ国内のすべての案件の中の、非常に難しい案件の裁定に対し、常に意見を出し、批評する。たとえば、注意深さの要件を満たしているか否か微妙な場合である。そのような案件は、国中の委員会に送られて、各委員に意見が求められる。

安楽死法をうまく機能させるためには、それだけ多くの財政、予算が必要ということである。それに加え、独立した相談医であるSCEN医師に対する費用もある。SCEN医師は、安楽死案件1件の相談で350ユーロの報酬を得る。患者訪問、施行医師の相談、報告書の作成などが仕事である。もちろんこれらにかかる費用は健康保険から支払われるので、患者負担はない。安楽死施行医の費用も健康保険から支払われる。

安楽死に使用する薬剤は健康保険法下ではカバーされていないので、患者の自費払いとなる。安楽死を施行した医師の多くは、残された家族に薬剤の請求書を送付すること、そして遺族が支払わなければならないのは残酷だと思っている。そこで、最近、健康保険の会社によっては、それを支払う会社も出てきた。補償する健保会社は、この薬剤は、医学的処置の一部とみなすという見解である。

　医師に対しては、往診・投薬・処置の技術料として報酬が支払われ、心の葛藤などの感情面に関しての難しさに対しては全く支払われていない。あくまで、一種の医学的処置の費用に準じて医師としての技術料が支払われる。安楽死クリニックに関しても、はじめ補償しない健康保険会社は多かったが、現在はカバーしてくれる健保会社は増えている。

　安楽死審査委員会の役割は安楽死の案件が、注意深さの要件を満たしていたかどうかを審査すること、そして年に1回報告書を公刊することである。報告書は、国会に提出される。2002年度より、審査委員会は毎年80ページほどの審査報告書を刊行している。現在は2014年の安楽死の報告書が刊行され、冊子だけでなく、ホームページ上に掲載されている。英語版、ドイツ語版、フランス語版もあるが、それらはオランダ語版を多少縮小したものである。2002年度よりすでに13冊公刊されている。

　以上、安楽死審査委員会の組織について述べたが、考慮しなければならないことは、このような制度が法律の条文に記載された上で、安楽死法が制定されたということである。そしてこのような制度の裏打ちがなければ、安楽死法をいくら立法しても、それは格好なゲレンデになるだけだということなのである。まさに、ヘーゲルの言う「理性的であるものこそ現実的であり、現実的であるものこそ理性的である」[50]という言葉をつくづくと感じさせる。安楽死審査委員会とは安楽死の透明性を担保する制度なのである。

　安楽死審査委員会の裁定で、2002年法律施行後より、注意深さの要件を満たしていないとされたのは、全部で75件であるが、これまで起訴に至ったケースはない。それは、医師が不注意を認め今後はその点を改める旨申し出ることで、もう今後そのようなケースは起きないと考えられるためだと言う。

4 家庭医制——信頼性と安楽死クリニック

1) 家庭医

　オランダでは安楽死の約90％が家庭医の手で行われている[51]。死を託せるほど家庭医（一般医＝GP）が信頼されているということである。安楽死法制化によるリスクを抑制するオランダヘルスケアシステムの一つがこの家庭医制度であると指摘されている[52]。そこで、オランダの家庭医制を調べるために、ロッテルダム近郊のスパイケニッセ（Spijkenisse）市の診療所を訪問した[53]。一般の家と変わりのない、とても病院とは外からは見えないこじんまりとした建物だった。入り口の看板のプレートには、家庭医の診療所「鳥のさえずり」と書かれていた。そこでは二人の医師が診療していた。クローネ医師とブローム医師である。驚いたことに、彼らは白衣を着ていない。1960年頃までは家庭医も白衣を着ていたそうだ。しかし、「白衣は患者との距離感を広げる」と考えて、患者に寄り添うため、白衣の着用をやめたそうだ。

　もちろん一人で診療所を経営しているところもある。一人でだいたい2,350人ぐらいの患者（住民）を診ているとのこと。したがって、この病院は全体で4,500人ぐらいの住民の診療所となる。もう一人非常勤の女医さんがいて、家庭医を目指して、現在研修中だそうだ。そのほかに心理カウンセラー一人、アシスタントの方が2名いた。

　患者が身体の不調で家庭医に予約した場合、1回の診察時間（予約枠）は10分。通常の2倍の時間の予約をすることもある。オランダ国民は皆健康保険に加入（義務）している。家庭医診察10分1回当たり健康保険から家庭医に対して税込みで9ユーロ支払われる。患者本人は支払う必要はない。それが家庭医の収入の半分となる。家庭医の収入の残りの半分も健康保険の加入料から支払われる。患者一人あたり年間60ユーロ。年間を通して一度も受診しなくても30回受診しても同じだ。つまり、2,350人担当患者がいれば60ユーロ×2,350人の収入となる。これに先ほどの診療費（週45時間労働だから最大限週2,700人×9ユーロ）がプラスされる。家庭医診療所の年間

取引額は家庭医一人当たり約25万ユーロとなる。それらの収入からすべての必要な費用、診療所運営、機材、秘書の費用などを引くと、約8万ユーロが残る。8万ユーロを税務署に申告して納税後、約6万ユーロ（約780万円）が手取り収入となる。これが家庭医一人当たりの標準的な収入となる。

　オランダでは、医師課程（6年）を順調に終えた場合、25,26歳で医師免許が取れる。医師免許取得後、医師たちにはいくつかの選択肢がある。正規の家庭医になる研修、産業医、健康保険会社の嘱託医、そして、心臓医、内科医、外科医などの専門医になる研修などを選べる。家庭医になるためには3年間の研修が必要だ。1年目は家庭医診療所での研修。2年目は病院、精神科（精神病院）、介護施設での研修。3年目は再び家庭医診療所での研修。この3年は研修といっても、医師免許は持っているのでこれらの施設では正規の医師として勤務する。

　オランダの医療システムはすべて家庭医を通して機能している。家庭医がこの患者は家庭医の下では治療が難しいと判断すると、専門医に紹介状を書く。患者は勝手に専門医にかかることはできない。そして専門医は治療が終わると、家庭医に治療報告書を書く。したがって家庭医が患者のすべてのカルテを持っていることになる。理学療法士やカウンセラーなどのも持っている。また専門医が、患者に告げることが難しいような場合、家庭医に相談し家庭医の口から話をしてもらったりする。このように、一人の人の体を家庭医がいわば「誕生から死ぬまで」最終的に管理している。日本ではカルテはそれぞれの治療をした病院に保管され、個人の身体のすべてを統合的に見ている人がいない。ここが医療システムで決定的に違う特徴点だ。家庭医はいわば住民の身体をサポートしていると言える。家庭医は医療システムの中心にいるということだ。そして長ければ、一人の患者の身体を30年以上も管理するということになる。まさに単に疾患だけではなく、一人の身体を見るということだ。これが家庭医の魅力だ。だから医学生も家庭医に進んでなりたがるというわけである。

　しかも身体だけを診るのではない。家庭医の仕事は人との関わりだ。身体の不調というだけでなくて、例えば子どもの教育に関して問題があるときな

ど家庭医に相談できる。ただ、手に余る時は家庭医は専門家を紹介したり、教育関係者やソーシャルワーカーなどに当該家族との面談を依頼してくれる。このように、家庭医の仕事は、疾患の診療のみではなく、人および家族とのかかわりなのだ。家庭の問題に関してのアドバイスもする。人生の中で誕生してからずっと、あるいは妊娠、あるいは老齢になった時、すべての局面においての相談を受けてくれる。家族や社会的な問題、教育問題、その件に関しては外科医や内科医とは話せない。しかし家庭医とは話せる。患者に子どもが生まれたら、家庭医はその家庭にお祝いにも伺うそうだ。

　安楽死は、年1、2回程度行うそうだ。患者がたとえば癌にかかるとする。患者が安楽死意思表明書を書いてもいいでしょうか、と言ったときに、まず患者とじっくり話し合いが行われる。その後、いつでも安楽死を依頼できるように書面を作成する。10人書類作成したらそのうちの1人が最終的に安楽死となる。それは残りの9人が安楽死をしたくなくなった訳ではなく、急死など別の形で死亡することがあるからだ。あるいは痛みに耐えることができた場合である。ただ、事前に話し合って書類を作成し、申し合わせておく必要がある。安楽死希望の申し合わせをしていても、実際には依頼しないことも多い。つまり、疼痛が耐え難いものとなった時には安楽死をしてもらえるという手続きを患者が完了していた場合、どうしても痛みに耐えられなくなったら安楽死できると思うことによって、安心して疾患に向き合っていける。耐えられない痛みに苦しむことはないと安心していられるからだ。

　安楽死実施を依頼された場合、安楽死施行までどのような手続きおよび過程を辿るのか。患者の疾患に関する報告書が作成される。SCEN（オランダ医師会のサポートセンター）から派遣される第三者の医師も報告書を読んで患者を訪問して診察・面談する。耐え難い痛みであるか、本当に癌患者（末期患者）であるのかを確認。および自分の意思で生命終結を希望しているのか、例えば家族からの圧力や他の事情によるものではないことを確認する。SCEN医師も報告書を書く。その報告書が家庭医のところにも送られてくる。家庭医は薬局に電話して薬を準備してもらう。その後患者と日時を約束して投薬する。患者が月曜に安楽死実施依頼をした場合、早くとも金曜以降に

なる。依頼日から5日以上後になるということだ。依頼されたら家庭医は報告書を書き、SCEN医師に送り、その後SCEN医師と患者との面談、報告書作成といった手続きがあるからだ。薬局へ電話して薬の手配をして、さらに患者死亡後の検死をする医師の手配も必要だ。安楽死は条件を満たしていないと訴迫される可能性がある。安楽死施行後検死官は検死して各書類をチェックして安楽死審査委員会に持っていく。委員会は査定して6週間後に結果を家庭医に通知する。安楽死施行を良好に（条件を満たして）行ったかどうかの審査結果が知らされるのだ。

2）　安楽死クリニックSLK[54]

　しかし、家庭医は患者の安楽死の要請に応じる義務はない。信仰上の拒否もあるだろうし、「耐えがたい苦痛」を患者に確認できない場合もある。そこで、患者は安楽死クリニックに申し込むことになる。

　2012年の審査委員会報告書には以下のように記載されている。「2012年3月に安楽死クリニックがスタートした。委員会は今年合計32件の報告を安楽死クリニックの救急チームから受領した。これらの報告書によって安楽死クリニックの仕事の手順が次のようであることが委員会に明らかになった。患者あるいは患者の代理人による安楽死クリニックへの通知後、通知者は質問リスト（書面）に記入する。患者に対して、患者の医療情報を（医療機関に）請求することおよび患者の個人情報を集めることに対する許可を求める。患者の通知書（志願書）と集められた医療情報によってカルテが作成される。安楽死クリニックはその後、患者の志願に対応できるかどうか検討する。安楽死適応となる案件の場合、その案件は救急チームに割り当てられる。そのチームは安楽死クリニックによって訓練を受けた医師と看護師で構成される。医師と看護師は何度も患者を訪問し、総合的な手段を検討し、良く考えた上での自発的な依頼であるのか、苦痛が耐え難く希望のないものであるのかどうかの点で集中的な話し合いを行う。安楽死クリニックの医師は、非常に稀な例として患者が家庭医とコンタクトを取って欲しくないと言明した時を除いて、原則として常に家庭医と接触する。次に、安楽死クリニックの医師は

SCEN 医師に相談する。その前に、内部（安楽死クリニック内）の MDO と呼ばれる検討会に提出され、この案件が安楽死あるいは自殺幇助の適応であるかどうか、もう一度検討される。

安楽死クリニックは新しい現象であるため、担当した地域の安楽死審査委員会がこれらの案件の裁決原案を、全国の安楽死審査委員会のすべてのメンバーに提出した。安楽死クリニックからの 32 件の案件は慎重に裁定された」[55]。

オランダ医師会の報道官ヴァイリック[56]もインタビューにおいておおむね同じことを、少し批判的に語った。「2012 年 3 月からアムステルダムで活動を開始した、家庭医のグループ。看護師も活動に含まれており、患者を巡回する。いずれにせよ、オランダの法律のもと、かつ SCEN の作成したガイドラインのもとに安楽死が行われることになるので、オランダ医師会は、公正に判断されたかどうか、最初の数例を注意深く見守る方針。しかし安楽死の適応であるか判断する医師は、患者を 1、2 回しか診療しないため、患者―医師の良好な関係は築かれていないと考えられ、適切に安楽死を疑えるのかどうか、不明」。

安楽死審査委員会の総書記長ビゼー博士、地域審査委員会のマッコア教授、ウェイヤース博士にインタビューしたが、同じ答えであった[57]。「家庭医は患者を熟知しています。自分の患者を長期間診ていますから。安楽死クリニックの医師はオランダ全土の患者を訪問しますが、その訪問において患者に最初に会うのです。ですから、安楽死要請が患者自身で熟考されたものであるか否かの判定が難しいのです。患者が鬱病なのか否か。患者が鬱状態で『死にたい』と言っているのか否か、安楽死クリニックの医師には判断が難しいです。家庭医は患者の病歴を把握しているのでわかるのです。10 年〜 20 年患者を受け持っている家庭医にはわかることです。安楽死クリニックの医師は難しい位置にいるため、看護師と一緒に診察するのです。その点で看護師はサポートの役割を担っておりかなり役立っています。そうでなければ安楽死クリニックの医師の任務は過重となります。安楽死クリニックは実際に施行した安楽死を大幅に上回る要請を受け取っています。実際に安

楽死にこぎつけることができる患者は4人に一人程度です。委員会としてはSLKに対しての意見はありません。各案件を見たところ、いくつかはよろしくない、とわれわれは判断しました。注意深さの要件を満たしていない案件もありました。各専門医との相談が可能であるため、殆どの案件は注意深さの要件を満たしていました。いくつかの案件は、耐えがたい苦しみがあるのに、患者自身の家庭医が拒否した案件でした。つまり、自分の家庭医に断られた患者にとっての解決策となっています」。

5　残された問題——自律原則

　以上のように、オランダでは信頼性・透明性・高福祉が制度的に実現されている。残されたのは同意原則の自律性である。
　ヴィーチによると、自律ないし自己決定権とは、消極的権利、放っておいてもらう権利、自動詞的権利であり、他人を行為へと義務づける他動詞的権利ではないとされた[58]。ここから、自然死を差し止めない・作為のない・消極的な「尊厳死」は許容されるが、死を意図して・作為ある・積極的な「安楽死」は許容されないとされた。しかしクヴァンテは、自律権とは「強い消極的権利、弱い積極的権利である」[59]として、他者の手助けを必要とする安楽死を許容する理論を展開している。
　しかし、それでは医師ないし医療者には、患者の要請にしたがい「殺す義務」があるかと、クヴァンテは問う。それに対する答えは「ない」である。なぜなら、自律権は、「強い**消極的権利**、弱い**積極的権利**」[60]だからである。だから良心的拒否の権利が医療者にはある。ということは患者の自律の可否が医師の手にゆだねられることになり、それは、悪い意味での「死の医療化」を引き起こす可能性がある。現にオランダでは、安楽死に手を貸さないカトリックの家庭医もいる。そこで、登場したのが「安楽死クリニック」だ。しかし、オランダ医師会も現在注視中とのことであるが、信頼関係のない場では、「死」の機械化・自動化が引き起こされないのか、そういう不安を消すことはできない。

1) 医師の判断について

ドイツでは、「意思に反して医師により殺されることを恐れるオランダ人の患者がいる」とメディアが伝えている[61]。それは、オランダでは、「通常の医療」である治療の差し控えや中止、生を短縮する緩和医療を施行するとき、患者の同意を医師が必ずしもとらないという事態から生じている。したがって、これらの通常の治療を含むすべての終末期ケアの医学的決定の乱用を防ぐことこそが、肝要であると、クーゼは指摘していた。「安楽死は合法化すべきでないという議論は、通常、1992年にオランダで行われた生命を終わらせる決定に関する研究報告、いわゆる「レメリンク・レポート」を根拠にしている。このレポートから、自発的安楽死の導入がその乱用と患者の虐待につながり、同意のない患者の命まで奪っていることは明らかだ、とこのような人たちは主張する。レポートが示しているのは、治療を差し控えたり中止したりする場合、あるいは死を早める緩和治療や安楽死を施す場合に、医師は必ずしも患者の同意を得ていないということである。そして、その理由はたいていの場合、死に逝く患者の苦痛ははなはだしいものであったが、患者に同意する能力がなかったということであった」[62]。通常の医療における同意と透明性の問題についてはオランダの調査報告書2010年版でも指摘されている。「それぞれの治療・処置（緩和治療とセデーション）は、殆どの症例においては、通常の医療処置の領域に分類されるであろうが、その処置における倫理的疑問の考慮を排除するわけにはいかない。顕著な例としては、医師は緩和治療の強化が患者に生命終結時期を早める可能性があることを患者や患者の身近な人と話し合っていない場合があるのである。患者の死亡時の苦痛を軽減するために医師が患者の意識を消失させる処置をすることに際しても、事前に患者や家族とそのことに関して注意深い話し合いおよび関係者とのコミュニケーションが求められる。であるから、痛みや症状の緩和治療の強化やセデーションに向かう際には、それを慎重に進めることが重要となってくるのである。……重篤な疾患の患者の人生最後の局面に当たって医学的延命治療を始めるか否かの決定においては、倫理的ジレンマが呼び

覚まされる。調査によれば、患者や家族、医師は多くの場合（終末期）治療が長すぎたと考えていたことを示している。医師が延命治療を諦める決定をした症例数は、過去数年かなり一定している。2010年においても死亡例の5人に一人であった。これらの大部分は専門医によって行われた。しかも、これらの決定が患者と話し合われた症例は全体から見て少数であった。治療を担当する医師が、治療についての説明、及び、人生最後の局面における医学的方針の意思決定をするに当たっての明確かつ透明度の高い話し合いを、患者と患者に関わる人たちと行う頻度は、現状では、明らかに少なすぎると言える。」[63]

　その点で指摘しておくべきことは以下のことである。オランダ、ベルギー、ルクセンブルクのベネルクス3国における、緩和医療に対する考え方の相違である。オランダは、緩和医療は通常の医療に分類しているので、法律での規制の必要はなく、オランダ王立医師会の指針で対応している。それに対して、ベルギーやルクセンブルクには緩和ケア法が成立している。特にルクセンブルクでは、緩和ケア法を制定する過程の中で同時に安楽死法が生まれたという経緯がある。つまり、緩和医療もベルギー、ルクセンブルクでは、通常の医療ではないと捉えられている故に、法律で規制が必要であったと言える。特にルクセンブルクでは、緩和医療に携わる医師の違法性が阻却されるための法律なのである。「第2条　非合理的な執拗さに対する拒否　その理由の如何を問わず、重篤かつ不治と判断される疾患の進行期あるいは末期において、終末期にある者の状態に鑑みて不適切な検査や措置を行うことを拒否したり、差し控えたりしたことや、当時の医学的知見に基づき、当該患者にその状態の緩和、改善あるいは完治の望みを与えなかったことを理由として、医師は、刑事上の制裁を科されることはなく、また賠償請求のための民事訴訟を提起されることはない」[64]。このことが示すことは、治療の差し控え・中止、緩和医療と安楽死の間には質的相違はなく、共に違法性のある行為であり、法律でその違法性が阻却されるということである。

　このように「現実の実践的条件の下で医師の決断の権限が過大に見積もられていること」が、信頼関係が失われると、やはり問題として挙げられる。

「自発的な安楽死の許容性の検討は医師の見方やその立場を特に注視しなければならない」[65]ということである。

2）患者の自律的な決定について

またここで問われているのは患者の自律的決定そのものである。2012年の安楽死審査委員会報告では、認知症で安楽死をしたケースが42件あった[66]。家庭医のクローネ医師は、認知症での安楽死は難しいと指摘していた。「問題点は、安楽死実施希望時、充分な知力・判断力で自発的に要請しなければならないということです。「耐え難さ」に関して、充分な知力で説明できなければならないのです。認知症が進んで、耐え難くなった場合、もはや明確に説明できない、となると安楽死施行依頼はできません」[67]。しかし42件の認知症の患者のケースのうち、不注意と認定されたケースはあったが、訴追されたケースはない。それは殆どの患者が認知症の初期の患者で、まだ自ら安楽死を要請できたからだ。他方、ベルギーで、認知症患者の安楽死が可能なのは、事前指示書が効力を持つからだろう[68]。

オランダでも2016年1月7日、オランダ保健省および司法省が新たなガイドラインを発表した。それは、重度認知症患者の安楽死の規制を少し緩和するもので、これまでの言葉あるいはジェスチャーによるコミュニケーションが必須という意思表明方式から、まだ自分の意思を表明できる段階で書面による安楽死の希望を医師に提出しているという条件で、書面での意思表明方式が採用になったということである。これは、後期認知症患者に安楽死の門戸を開くことになるが、オランダの医療化の原則との整合性が問われるところである。

また、がん末期の患者は鬱状態で判断能力を欠いているのではないかという問題に関しては、クローネ医師は「普段うつ病ではなかった人で癌を発症してからもうつ病になっていなければ、殆どの人は終末期もうつ病ではありません。もちろん患者は悲しんでいます、しかも治る希望のない痛みです。しかしそれはうつ状態とは違います」[69]と答えていた。

3） 患者の自律的な決定について

　ドイツのボッフム大学の精神科医のフォルマンは、患者の意思決定の質的調査を行い次のような結論を出している。「すぐに死ぬことを望んでいる身体的に重症の患者の多数は、耐え難い苦痛やそのほかの身体的要因からこのことをするのではなくて、むしろ心的・社会的要因が、特に抑鬱性の錯乱の存在が重要な役割を演じている。経験的研究が示したことは、重症のがん患者の死の願望は抑鬱性障害があるかいなか、その程度と相関している。……医師に殺してくれと願うおよそ 10 人ごとに自己決定能力が疑わしい患者がいる。したがって患者の自己決定権による積極的死の援助を倫理的に合法と認めることは実際上疑わしい」[70]。「死の願望を持ったターミナルな段階にあるがん患者の半分以上は、臨床上抑鬱状態にある。……1995 年にオランダで殺された、およそ 3,200 人の患者のうちおよそ 320 人の患者は自己決定能力が疑わしいと基礎づけられた」[71]。オランダでは毎年 9 千名以上の患者が死を要請している。死に面した患者がなす判断は理性的な判断なのだろうか。しかしそのように死に臨む人の決定を理性的かどうか疑うことに対しては、ビーチャムは次のように言う。「自律尊重の原理の基礎として人格の自律の理論は受け入れがたい。なぜなら、この理論は、自己決定し行為する普通の人格の能力を超えた過剰な要求をする自律の理想に定位しているからである。意図的に、理性的にまた判断能力をもって行われた自律的行為がこの理想を満足させることができないという理由で、軽視されるため、広範に及ぶパターナリズムへと至りうるような批判的な基準が設定される。総じてこのようなユートピア的な基準を適用することによって、われわれの「道徳的な生活」において普通は自律的と考えられる行為が自律的な行為と認められなくなり、軽視される危険が生じる」[72]。しかし、ビーチャムが基づいている自由主義の父である J. S. ミルは慎重であったはずだ。死を臨む自己決定は認められない、と [73]。勿論オランダでも安楽死を要請するすべての人が、安楽死を遂げているのではない。3 千人強である。その数値をどう判断するか。

　さらに、ベルギーで報告されているような「実存的苦悩」での安楽死の

ケースがある[74]。現在は、オランダでは実存的苦悩は安楽死法の対象外である。しかし自律権が「強い権利」であるとすると、義務にならざるを得ない。これらの問題にいかに対処するべきか。オランダは安楽死の「透明性」を確保するために、まだまだ調査し、議論を重ねなければならないだろう。

6 「すべり坂論証」再考

　自発的安楽死を認めると、非自発的安楽死、ひいては反自発的安楽死まで許容することへと転げ落ちるという論証がすべり坂論証である。しかし、弱者やマイノリティーたちが、死へと駆り立てられる、そういうことは事実としては起らなかったとオランダやベルギーの統計調査の結果が示していた。理論上も本当にありえないのだろうか。

　クーゼは患者の最善の利益として、「快の状態——痛みや苦痛を経験しないこと」を挙げている。したがって、この利益に基づくと、愛他的な動機や与益原則から、狭い意味での自発的安楽死は許容されることになる。「医療従事者の第一の義務は患者の最善の利益になるように行為することだ、という考え方である。しかし、患者の「利益」とは何だろうか？　この「利益」という言葉と、それに関わる患者の「福利」という概念をどのように理解すべきだろうか？　利益という語を理解する上で、私たちは最低限次のように考えるべきであろう。つまり、意識のさまざまな状態、すなわち快や苦痛を経験することができる患者については、必ずその人自身にとっての利益を考えるべきである。このような患者にとっては、快い意識状態、すなわち、福利を経験し、痛みや苦痛を経験しないことが利益となる。すると、患者が苦しんでいるならば、痛みを取り除いて福利を回復するという義務には当面の妥当性があり、医療従事者はこの義務を果たすべきだろう。もし痛みや苦痛をそのままにしておくのであれば、総体的かつ長期的に見て、それが患者にとってより大きな利益になるという根拠を示して正当化しなければならない」[75]。

　そうだとすると、「1. 自分の利害の比較考量が、私を殺させることに根拠

を与えることができるならば、自分の利害と他人の利害との比較考量もこのような根拠を私に与えることができるだろう。2. この根拠を殺す側も自分のものにすることができる。3. この根拠へ向かうことは、殺されたものの同意を放棄することができる」[76] が認められることになり、非自発的・反自発的安楽死が認められるという「すべり坂」へ移行する。

　しかし、それに対しては、もう一つ「最善の利益」があることにより歯止めがかかるとクーゼは指摘する。「判断能力のある（自分で意思決定ができる）患者にとっては、「自己決定を行う」ことも利益になる。それは、人生に対する自分自身の価値観と計画に従って、自分の人生をコントロールし、形づくっていくことであり、それができることは患者にとって利益となる。医療が個人の人生に立ち入るものである限り、健康と福利、苦痛と痛みについての自分自身の理解に基づいて、場合によっては治療を受けないという決定をも自分自身で下せる自由が患者になければならないのである。……つまり、判断能力があり充分に説明を与えられている患者は、自らの判断によって生命を維持する治療を受けたり拒否したりすることができるべきであり、他に特別な事情がない限り、熟慮のうえ患者が行った決定を無視することは間違っていると考えられている」[77]。しかしクーゼのこの考えでは、反自発的安楽死は禁止されることになるが、判断能力がない場合の非自発的安楽死の可能性は消えない。

　狭義の自発的安楽死の擁護者は、生命の質の、あるいは「有意味な生命」の原則に基づく故に、「論理的に非自発的な安楽死を伴う」ということに対して、クヴァンテは次のように論理的歯止めをおく。「自発的安楽死と非自発的安楽死のケースにおいては、2つの相違する価値基準が問題であるので、私が主張する次の立場をとることができる。それはすなわち、人格個性に基づく基準が原理的に把握することができないところだけ、客観的基準は用いられるという立場である。換言すれば、ある患者が自分の生を続けようと自律的に決定するとき、そのとき客観的基準は用いられてはならない。しかし、ある患者が自律的に決定することが原理上できるが、事実上は自分を表現しないときでも、この客観的基準は用いられてはならない。この立場に

とっての根拠は一方では、人格的自律に対する尊重の原理である。また他方では、自分自身の生を終結させられてもよいとまでは言わないいかなる人格も自分自身の生存に、承認されるべき価値を認めるという仮定である」[78]。こうしてクヴァンテにおいては、非自発的安楽死に対しても論理的歯止めが置かれるのであり、この歯止めを社会が監視すれば、「すべり坂」は論理的に起こらないことになる。クーゼは次のように言う。「安楽死の処置の乱用を防ぐ最善の方法は、医療における生命を終わらせる決定を透明性のあるものにすることであり、そのためには、社会の監視が機能するような制度を整備することである」[79]。オランダは、そのために法律で「安楽死審査委員会」の設置を義務づけ、すべての案件を審査し、毎年委員会報告書が刊行されている。

注
1 オランダでは、「昏睡誘導薬静注後、筋弛緩剤を静注」とされている。Cf. KNMG/KNMP, *Richtlijn Uitvoering euthanasieen hulp bij zelfdoding* uit 2012(オランダ医師会『薬剤師会編纂の安楽死と自殺幇助実施の際の手引き』2012年)
2 上記等において、医師は、液体状に溶解した薬剤(バルビツレート)を、患者が自身で飲めるように手渡すこと、と書かれている。
3 30年の間、安楽死の実践を律してきた手順と規範を成文化するもの。これらの規範と手順は医師の専門職能集団のなかで大部分形作られ、医療専門職の側から司法・立法への働きかけで法が成立。1865 医薬業務法、1869 遺体埋葬法、1881 刑法(安楽死12年の拘禁刑)、1990 安楽死報告届け出制(法務省とオランダ医師会の合意)、そして 2002 年成立。
4 Toetsing van levensbeëindiging op verzoek en hulp bij zelfdoding en wijiziging van het Wetboek van Strafrecht en van die Wet op de lijkbezorging(要請に基づいた生命終結と自殺援助に関する審査、並びに、刑法と遺体処理法の改正)。2002年4月1日施行。この法がなぜ「安楽死法」と直接名付けられなかったのかについては、法律制定時においては、安楽死という言葉がナチスの行った反自発的安楽死を想起させたからとのこと。
5 Council of Europa, 20.01.2003, Steering committee on Bioethics, Replies to the questionnaire for member States relating to euthanasia
6 要請での生命終結の禁止、最大12年の懲役。自殺幇助の禁止、最大3年の懲役。
7 Regionale toetsingscommissies euthanasie, *Code of Practice*, Den haag, 2015, p.6.(『実践の手引き書』、以下の引用の訳はベイツ裕子氏による。)
8 Prof dr JJM van Delden, MD PhD, Physicians and the end of life in the Netherlands, 2014 International Conference of the Japanese Association for Philosophical and Ethical Researches in Medicine 23. November,;邦訳小沼有理子、オランダにおける医師と終末期、医学哲学医

1　オランダ安楽死法の内容と実態　33

学倫理 33、2013、82-87。
9　M. クヴァンテの説明に基づく。参照；Michael Quante, *Personales Leben und menschlicher Tod*, suhrkamp, 2002, S.254f.；高田純監訳、ドイツ医療倫理学の最前線—人格の生と人間の死、リベルタス出版、2014、225 頁。
10　Paul van der Maas 教授が指導する調査グループ。
11　ZonMw, *Sterfgevallenonderzoek 2010, Euthanasie en andere medische beslissingen rond het levenseind*, june, 2012；*Tweede evaluatie Wet toetsing levensbeëindiging op verzoek en hulp bijzelfdoding*, Den Haag: december 2012
12　ZonMw, *ibid.*, 2012, p.49（邦訳ベイツ裕子、生命倫理研究資料集 Ⅶ、富山大学、2013、108 頁）
13　*Ibid.*, p.54.；邦訳 114 頁。
14　huisarts（ホームドクター）のこと。オランダの医療システムはすべてこの家庭医を通して機能している。general practitioner（= GP、一般医）とも呼ばれる。
15　*Ibid.*, p.47.；邦訳 107 頁。
16　Agnes v.d. Heide, Euthanasia and physician-assisted suicide in the Netherlands and Belgium, 生命倫理研究資料集 Ⅵ（富山大学、2012）、p.162（邦訳福山好典、同 172 頁）
17　調査委員会とは別の公的組織。安楽死法に記載されている安楽死の裁定を行う組織。本稿 3 を参照。
18　*Code of Practice*, pp.20-21. なおオランダ法で en hulp bij zelfdoding（英語で physician assisted suicide）は、assisting suicide（自殺幇助）と区別して、「介助自殺」と訳した。
19　オレゴン州尊厳死法。1997 年 11 月。患者の要請に基づいての医師・薬剤師の致死薬の処方を認める法律。
20　Judith A.C., Rietjens et al., Two Decades of Research on Euthanasia from the Netherlands. What We Learnt and What Questions Remain? *Bioethics Inquiry*（2009）6., p.279「我々が学んだ重要な教訓は、オランダにおける安楽死の立法化は終末期の医学的実践に対してすべり坂が起こらなかったということである」。
21　Judith A.C. Rietjens, *ibid.*, p.279.
22　A. v. d. Heide, *ibid.*, 165f., 邦訳 175 頁。
23　COMMISSION FEDERALE DE CONTROLE ET D'EVALUATION DE L'EUTHANASIE, Sixieme rapport aux Chambres legislatives（2012 - 2013）
24　Luc Deliens, Euthanasia: attitudes and practices in Europe and Belgium, 生命倫理研究資料集Ⅵ, p.198；邦訳福山好典・天田悠・甲斐克則、212-3 頁；Cf: Tinne Smets et al.: Legal Euthanasia in Belgium Characteristics of all Reported Euthanasia Cases, *Medical Care*（2010）48: 187-192., p.192.「すべり坂を支持するいかなるきざしもない」。
25　2010 年では、審査委員会報告では安楽死の総数は 3,136 名。調査委員会報告では 4,361 名となっている。調査委員会は死亡診断書を基に無記名のアンケート調査を行い、その回答から推定した数値（2012 年 7 月 29 日中央統計局発表）。一方安楽死審査委員会は安楽死を行った医師により届け出られた数字。届けられなかった事案は不明。なお以下の資料では安楽死調査委員会と安楽死審査委員会の二つの委員会がよりどころである。
26　2 節参照。

27　*Code of Practice*, p.7.
28　ZonMw, *ibid.*, p.48（邦訳、同上、107-8 頁）
29　Boek 7 Burgerlijk Wetboek, Artikel 446-467.
30　なぜベルギーに安楽死クリニックができないのかは、ベルギーが自由化の道を進んでいるからである。本稿 15-6 頁参照。
31　相談窓口 Consultation：Since 2000, SCEN (Support and Consultation for Euthanasia in the Netherlands.) オランダ王立医師会が 1997 年以降率いているプログラムで、現在約 600 人の医師（家庭医、専門医、老年医療の専門医から成る）が関わっている。SCEN は安楽死のガイドライン作成、倫理規定、医師の教育を行っている。安楽死を行う医師は医師会に電話し、安楽死全般について、相談することができる。年に 3,700 の相談件数、1,100 件の質疑。Due care の項目ⓔにある医師は殆どの場合 SCEN に参加している医師で、しかも、患者に安楽死を行うことになる主治医がもう一人の医師を要請するときには独立性を維持するため、電話は直接に独立した医師にはつながれず、電話のオペレータが介在し匿名性を維持するシステムになっている。それ以外の医師に依頼する場合は理由を示す必要がある。（SCEN の Eric van Wijlic 氏の答え。）
32　A.van der Heide, *ibid.*　生命倫理研究資料集Ⅵ、161 頁（邦訳 172 頁）。ただし SCEN 以外の医師でも独立性が保たれていれば、相談医として OK である。
33　*Code of Practice*, p.16.
34　Regionale toetsingscommissies euthanasie *Jaarverslag* 2013, p.46, 47.
35　Regionale toetsingscommissies euthanasie *Jaarverslag* 2006；One final issue is the relationship between euthanasia and dementia. In 2006, the committees received six notifications of euthanasia involving patients with a dementia syndrome.1 Such cases remain exceptional
36　*Code of practice*, p.7.
37　Prof dr JJM van Delden, *ibid.*；邦訳同、82-87 頁。
38　Nicole E. C. Visée 2014 年 9 月 5 日（9：00 〜 11：00）, Regionale Toetsingscommissies Euthanasie, Pels Rijckenstaat 1, Arnhem, The Netherlands
39　Nel Noddings, *Caring*, U. of California, p.33.
40　ベルギーやルクセンブルクでは、「繰り返され。る本人の意思の確認」となっている。
41　Prof dr JJM van Delden, *ibid.*；邦訳同、83 頁。
42　本編 2、本田まり、ベルギーにおける終末期医療に関する法的状況、50-1 頁。
43　Helga Kuhse, *Caring: Nurses, Women and Ethics*, Blackwell, 1997, p193.；邦訳『ケアリング』（竹内・村上監訳）メデイカ出版 246 頁。
44　H. Kuhse, *ibid.*, p.194.；邦訳 248 頁。
45　*Ibid.*
46　H. Kuhse, *ibid.*, p.192.；邦訳 245 頁。
47　Regionale toetsingscommissies euthanasie *Jaarverslag*
48　この法律に基づき、オランダには、5 つの委員会が設置されている。地域 1：フローニンゲン（Groningen）、フリースランド（Friesland）、ドレンテ（Drenthe）とべーエーエス（BES）諸島。 地域 2：オーバーアイゼル（Overijssel）、ゲルダーランド（Gelderland）、ウトレヒト（Utrecht）とフレーフォランド（Flevoland）。 地域 3：北 - ホーランド（Noord-Holland）。

地域4：南ホーランド（Zuid-Holland）とゼーランド（Zee）。地域5：北ブラバンド（Noord-Brabant）とリンブルグ（Lim）である。2014年度における安楽死の届け出数は、地域2が1,321、地域3が1,295、地域4が1,126、地域5が1,026、地域1が508である。安楽死法では地域審査委員会とされて、安楽死審査委員会とされていないが、最初から、安楽死審査委員会と使用されている。それは、総書記のビゼー氏によると、一般のオランダ人にとり安楽死という言葉の方が自然だからという答えだった。現在は、総委員長Wilhelmine Johanna Carolina（Willie）Swildens-Rozendaal、総書記 mw. mr. N.E.C. Visée。

49　改善には、資料のデジタルによる会議システムの構築も挙げられている。
50　W. F. ヘーゲル『法の哲学』序文
51　本書108頁グラフ参照。ベルギーでは、50％が家庭医である。
52　Judith A. C., Rietjens et al., *ibid.*, p.274.
53　2013年8月13日12時から2時間、ロッテルダム近郊のSpijkenisse市にある家庭医（dr G.H. Blom と dr A. Klöne）を訪問。通訳ベイツ裕子氏。一人は安楽死をこれまで35例ほど安楽死法成立前から実施。詳細は、生命倫理研究資料集Ⅷ（2014年2月刊）、参照。なお家庭医に看護師がいないことに驚く。それは家庭医が看護師の役割をも果たしていると考えるべきだろう。なぜなら、逆に安楽死クリニックには看護師がいることからもわかる。
54　Stichting Levenseindekliniek, http://www.levenseindekliniek.nl/
55　Regionale toetsingscommissies euthanasia *Jaarverslag* 2012, p.6
56　Eric van Wijlick（Royal Dutch Medical Association, beleidsadviseur）（通訳、水澤有香氏）
57　mw. mr. N. E. C. Visée；訪問期日：2014年9月5日（9：00～11：00）、訪問場所：Regionale Toetsingscommisie Euthanasi, Pels Rijckenstaat 1, Arnhem；mr. dr. A.R.（Anne Ruth）Mackor, Professor of Professional Ethics；dr. H. A. M.（Heleen）Weyers, Assistant Professor Theory of Law；訪問期日：2014年3月4日（10：30～13：30）、2015年9月22日（11：30～14：00）、訪問場所：in particular legal professions at the Faculty of Law, University of Groningen, Oude Kijk in't Jatstraat 26, 9712 EK Groningen, The Netherlands（通訳、ベイツ裕子氏）
58　Cf.Robert M.Veatch, The Basics of Bioethics － 2nd, Prentice Halle, 2003, p.73.；邦訳、品川哲彦監訳『生命倫理学の基礎』、メディカ出版、104頁。
59　M. Quante, *Ebd.*, S. 264., 267.；邦訳236、238頁。
60　M. Quante, *Ebd.*, S. 264.；邦訳236頁。（ゴチックは筆者）
61　Swantje Naunin, *Sterben auf Niederländisch?*, LIT, 2012, S.137.；Süddeutsche Zeitung, 17. Juli 2003.
62　H.Kuhse, *ibid.*, p.193；邦訳246頁。Cf; Van der Wal G, Van der Maas PJ, Bosma JM, et al.(1996): Evaluation of the notification procedure for physician assisted suicide, and other medical practices involving the end of life in the Netherlands, *N Engl J Med* 335: 1706-1711（具体的数値は「はじめに」参照。）
63　参照；ZonMw, *ibid.*；邦訳、生命倫理研究資料集Ⅶ、113頁。
64　参照；ルクセンブルク緩和ケア法2条。本書169頁。
65　M. Quante, *Ebd.*, S.261.；邦訳233頁。
66　ZonMw, *ibid.* 報告によると、42件のうち2件が「注意深さの要件」を満たしていないと

された。

67 注53参照。
68 ベルギー安楽死法（2002/5/28）第3章事前の宣言／意思表明（5年間有効）。ルクセンブルク安楽死法（2009/3/16）第3章終末期の意向書（5年間有効）。
69 注53参照。
70 Jochen Vollmann, *Patientenselbstbestimmung und Selbstbestimmungsfaehigkeit*, Kohlhammer, 2008, S.180. ドイツではナチスに用いられた「安楽死 Euthanasie」に代えて「死の援助 Sterbehilfe」という単語が用いられている。
71 *Ebd*. S. 176.
72 M.Qunteによるビーチャムの自律のりまとめ。Vgl. M. Quante, *Ebd*., S.202.；邦訳181頁。
73 J. S. ミル『自由論』早坂忠訳、『世界の名著』33巻、中央公論社、333頁下段。
74 本巻所収、本田まり『ベルギーにおける終末期医療に関する法的状況』、参照。
75 H. Kuhse, *ibid*., p.172.；邦訳220頁。
76 Vgl., M. Quante, *Ebd*., S. 257ff.；邦訳229-232頁。
77 H. Kuhse, *ibid*., p.173.；邦訳221頁。
78 M. Quante, *Ebd*., S. 256.；邦訳229頁。
79 H. Kuhse, *ibid*., p.193.；邦訳246頁。ベネルクス3国には審査機能が法で整備されている。

2 ベルギーにおける終末期医療に関する法的状況

本田　まり

1　はじめに

　ベルギーにおいては、2002年5月28日に「安楽死に関する法律[1]」(以下、安楽死法) が制定された。その言語的・文化的背景および法的・政治的状況に関する詳細は、既刊の拙稿を参照されたい[2]。本章では、安楽死法を含む2002年の立法および安楽死法の改正を概観し (2)、その運用に関する評価および近時の動向として、報告書、答申および事例について述べる (3)。

　ベルギー王国は、人口約1,128万人 (2015年10月) からなる、立憲君主制の連邦国家である。ベルギーで用いられる"オランダ語"および"フランス語"は、それぞれ「フラームス (Vlaams)」および「ワロン (wallon)」と呼ばれる[3]。北部には「ゲルマン系の人々が住み、オランダ語が用いられ、カトリック教徒が多数を占めている」のに対し、南部には「ラテン系の住民が多く、フランス語が用いられ、自由主義ないし非宗教的傾向がみられる」という[4]。

　ベルギーの国務院 (Conseil d'État, CE) は、安楽死および緩和ケアに関する法案について、元老院 (Sénat) 議長による付託 (2001年3月22日) を受け、同年6月20日に答申を提出した[5]。この答申では、安楽死に関する法案が

生命の権利に対する制限を規定していたとしても、欧州人権条約（以下、人権条約）2条および市民的政治的権利に関する国際規約（B規約）6条による、国家当局の評価の余地に課せられた限度内にあると述べられている。つまり、法案は条約および規約に適合しないものではないという[6]。

2　2002年の立法および安楽死法改正

1　刑法典との関連

　安楽死法は、刑法典を改正することなく、一定の要件を遵守する医師により実施される限り、安楽死は刑法上の犯罪を構成しないと規定する[7]。それ以外の場合には、安楽死は、殺人（故殺（meurtre）、刑393条：20年から30年の懲役）、謀殺（assassinat）（故殺より重罰、刑394条：無期懲役）および毒殺（empoisonnement）（刑397条：無期懲役）に基づき訴追される可能性がある。自殺幇助（assistance au suicide, complicité du suicide）は、安楽死法および刑法典において規定されておらず、人命不救助（non-assistance à personne en danger）と法性決定される（刑422条の2および422条の3）。守秘義務違反の場合には、刑法典458条（8日から6ヵ月の禁錮（emprisonnement）および100ユーロから500ユーロの罰金）が適用される（安楽死12条）。

2　安楽死法の制定および改正

　安楽死法制定に至る過程は、次のとおりである[8]。当時、政権与党だったキリスト教系の政党（キリスト教人民党（CVP））は反対していたが、1996年に代議院（Chambre des représentants）の長が「安楽死の法的解決の時機」について生命倫理委員会〔後述〕に答申を求めた。その後、元老院で議論となり、複数の政党が法的解決を望んだと言われる。

　1999年の選挙後に、非宗教的で、倫理問題に関する議会での検討を支持する与党から、政府が組織された（フラームス自由民主党（VLD）を第一党とする「虹の連立（Coalition arc-en-ciel）」）。1999年12月20日に、安楽死に関する法案が元老院に提出された。安楽死の非処罰化に関する法案の検討は、1999

年末から元老院の司法・社会問題合同委員会において開始され、1年以上の深い議論の後、2001年10月25日に元老院において、2002年5月16日に代議院において可決に至った（賛成86、反対51、棄権10。2002年9月22日施行）。

　法案起草者の目的は、法的安定性を確保しつつ、半ば闇で実施されていたものに終止符を打つことであった。法的安定性は、第一に安楽死の要請を尊重される患者のためのものだが、医師の介入について詳細な基準を設けることによって、同意が得られていない安楽死から保護されることも含まれている。法的安定性は、法律に規定された厳格な要件において安楽死が行われる場合には、あらゆる刑事責任を免れることができる医師のためのものでもある。起草者は、この法律によって、医師、患者、医療チームと近親者との信頼関係がよりよく保証され、実務の客観的な評価を通して現状をよりよく認識することができると考えた。

1）　安楽死法の概要

　安楽死法において、安楽死は「第三者により実施される、本人の要請に基づいてその者の生命を意図的に終わらせる行為」と定義される（安楽死2条）。ここでは「末期状態（死期の切迫）」は規定されていない。2002年の制定時には、安楽死を要請できる患者は「成年または解放された（émancipé）未成年であり、法的能力があり、かつ本人の要請の時点で意識があること」とされていた（3条§1）。未成年者（18歳未満）は、16歳になれば（満15歳で）、婚姻により親権または後見から解放される。

　本人が意思を表示できる（意識がある）場合（3条）については、末期状態である（死期が切迫している、§1）場合と、そうではない（§3）場合に分かれる。前者に関して、患者の「肉体的または精神的苦痛」という要件が規定されているが、この「または」という文言は、立法時に議論の対象となった。安楽死法の起草過程において、公衆衛生委員会は全会一致で、単なる精神的苦痛は安楽死の理由に決してならないと評価していた（3条§1から「または精神的」という語を削除する修正案）[9]。精神的苦痛という主観的な広がりは過度に大きく、そのため濫用に門戸を開いたままにしておく可能性があ

る。実務上は、医師が精神的苦痛の重要性を評価することは不可能である。さらに、精神病患者の意思は、しばしば両面性を有し、変化しやすい。最後に、このような場合には、医学的な背景全体が欠如している。うつ、精神疾患、認知症（痴呆）の患者、およびアルツハイマー病の患者は、法案の適用範囲に属さないことが明示されていた。

「肉体的または精神的」(3条§1)を「肉体的および精神的」に置き換えることについては、別の修正案で次のような理由が強調された[10]。すなわち、精神医学の研究により、客観的で医学的な条件に結び付く精神的な苦痛と、財政的問題、年齢、孤独、大切な存在の喪失、うつ病性障害等の非医学的な原因を有する苦痛とを区別する合理的な方法はないことが示されている。提案されている立法は、うつまたは自殺傾向 (tendance(s) suicidaire(s)) のある人に影響を与える可能性がある。安楽死の提案が終末期に限定されない場合には、立法はとりわけ危険なものとなる。死ぬことへの深い願望と、うつの存在および重篤さとの間には、強い相関関係がある。したがって、うつ病を発見し、治療することが最も重要である。精神的苦痛という基準のみに依拠することは危険であるという。

末期状態ではない（死期が切迫していない、3条§3）場合には、第2の医師に相談する。書面による要請から（熟慮期間として）少なくとも1ヵ月を経過させる。この点に関する修正案としては、§3を削除することが提唱されている。すなわち、死の間際にいるのではない人々に規制の適用範囲を拡張することに反対するという[11]。

本人が意思を表示できない（意識がない）場合（4条）に備えて、事前の宣言（意思表明）(déclaration anticipée) を書面により行うことができる。患者は、一人または複数の受任者 (personne(s) de confiance) を指名することができる。

安楽死法の適用に関しては、連邦監督評価委員会 (Commission fédérale de contrôle et d'évaluation de l'application de la loi du 28 mai 2002 relative à l'euthanasie, CFCE)（以下、監督委員会）が設置されている（特に、6条～8条を参照）。監督委員会は、安楽死法に規定される要件および手続を遵守し、事後的に監督を行う。そのため、監督委員会は、安楽死を実施する医師によって記入され

た用紙の、匿名のファイルを審査する。要件が満たされていないと監督委員会が評価した場合には、記名されたファイルが開かれる。監督委員会は、3分の2の多数決により、この法律に規定される要件が満たされていなかったと評価する場合には、この関係書類を患者の死亡地の国王検事に送付する。

2015年10月27日に、監督委員会が初めて、2002年法により課せられた要件を医師が満たしていなかったという決定を下して（全会一致）、送検したと報じられている[12]。問題となっているのは、マルク・ファン・フーイ（Marc VAN HOEY）医師（一般医、ADMD〔後述〕に相当するフラーンデレン地域の「尊厳死の権利（Recht op waardig sterven）」の長）による事例である。患者のシモーナ・デ・モール（Simona DE MOOR）は、肉体的な問題も精神的な疾患も抱えていなかったが、85歳の誕生日の前日（2015年6月22日）に、アントウェルペンの保養所（maison de repos）で安楽死により死亡した。オーストラリアの記者が撮影したドキュメンタリー[13]の中で、シモーナは、3ヵ月前に娘を亡くした悲しみが耐えがたい苦痛であり、娘と再び一緒になりたいと語っていた。医師によると、シモーナは（生きることに）うんざりしており（marre）、治療の可能性はなく、安楽死の届出には「反応性うつ病（dépression réactive）」と記載するという。さらに、医師は、短期間の内に死亡が起こらないという場合の法定要件である、第2の医師への相談を行っておらず、これについては「私の経験上、問題ない」と述べている。

2）　2005年の法改正

安楽死法は、2005年11月10日に改正されている[14]。これにより、医師が安楽死法に従い行動していることを明白に記載した処方せんに基づき、薬剤師は、医師に対して安楽死に至る物質を自ら提供する（3条の2）。さらに、医師は、用いられなかった製品の余剰を、廃棄するため薬局へ戻さなくてはならない。

欧州生命倫理研究所〔後述〕によると、監督委員会は、複数の文書において、自殺幇助に該当する「致死量のバルビツール酸を患者に与えること」を、安楽死のために用いられる技術であると確認している[15]。立法者は、

"医学的に援助された自殺（自殺補助医療）"の可能性を法律に導入することをよしとしなかった。それにもかかわらず、監督委員会は、最初の報告書の段階から、安楽死に関する法的要件および手続が満たされており、その行為が医師の責任の下で展開される限り、この執行方法は法律によって認められていると自由に解釈しているという。

3）　2014年の法改正

　2013年1月の時点で、安楽死法の改正案がいくつか提出されていた。安楽死の対象を未成年者（未熟児または障害をもつ新生児）に拡張すること、認知症の患者に安楽死の可能性を開くこと、および良心的拒否をした医師に対し、「ケアの継続」を確保するため、安楽死の実施に好意的な他の医師に関係書類を渡すよう義務付けること等が主張されている。

　2013年6月26日、自由主義および社会主義の議員[16]（フィリップ・マオー（Philippe MAHOUX）氏ら）4人により、対象を未成年者に拡張するための安楽死法改正案[17]が元老院に提出された。元老院の司法・社会問題合同委員会は、この法案を修正の上、11月27日に可決した[18]。法案は、12月12日に元老院で可決され[19]、翌13日付で送付された代議院において、2014年2月11日（60日間）を期限として審議された。結果として、この法案は、2014年2月13日に可決され、2014年2月28日の法律として制定された。この「安楽死を未成年者に拡張することを目的として、安楽死に関する2002年5月28日の法律を改正する法律[20]」（以下、2014年法）の概要は、次のとおりである。

- 「患者が、成年もしくは〔親権もしくは後見から〕解放された未成年であって法的能力があり、または事理弁識能力（capacité de discernement）〔以下、判断能力〕を有する未成年であり、かつ本人の要請の時点で意識があること」
- 「判断能力を有する未成年の患者が、持続的で耐えがたい肉体的苦痛について医学的に解決策のない状態にあり、その苦痛は緩和されることができず、短期間の内に死をもたらし、かつ事故または病気による

重篤で不治の疾患に起因すること」
- 「7° さらに、患者が解放されていない未成年の場合には、この相談の理由を明確にしつつ、児童精神医学者（pédopsychiatre）または心理学者（psychologue）に相談する。

  相談を受けた専門家は、診療録の内容を把握し、患者を診察し、未成年者の判断能力を確認し、書面によりそれを証明する。

  主治医は、この相談の結果を、患者およびその法定代理人ら（représentants légaux）に知らせる。

  主治医は、§2 の 1° の対象となるすべての情報を提供しつつ、未成年者の法定代理人らと話し合い、かつ未成年の患者の要請について彼らが承諾（accord）を表明していることを確認する。」
- 「死亡が……という（que le décès）」と「明らかに起こらない（n'interviendra manifestement pas）」という語の間に「成年の患者または解放された未成年の患者の」という語を挿入する。
- 「患者の要請、および患者が未成年の場合には法定代理人の承諾は、書面によりなされる。」

  2014 年 1 月 6 日には、監督委員会の委員候補者名簿を提出する機関として、「元老院（Sénat）」という語を「代議院（Chambre des représentants）」に置き換える等の法改正が行われている（第 6 章、21 条および 22 条）[21]。

4） 憲法裁判所による2015年10月29日の判決

憲法裁判所（以下、憲法裁）による 2015 年 10 月 29 日の判決[22]では、安楽死を未成年者に拡張する 2014 年法は、本人の判断能力を評価する最終的な責任を児童精神医学者または心理学者が負うという条件において、合憲であるとされた。その理由は、次のとおりである。

立法者は、未成年者の年齢という基準に依拠しようとはせず、未成年者は安楽死要請の影響を評価するのに十分な判断能力を有する可能性があり、その判断能力は事例ごとに認められなければならないと考察した。憲法裁は、

憲法および人権条約2条により保障される、生命に対する権利への適合性に照らし、2014年法を検証する。欧州人権裁判所は、欧州における合意がないことから、安楽死について規定する国家に広範な評価の余地を残している。それでもやはり、人権裁判所は、生命に対する権利の尊重により、「生命を脅かす策謀に対し、最弱者そのものを保護する」ために必要な措置をとることが立法者に課されると確認する。憲法裁は、立法者が、未成年者に対する安楽死の実施を認める場合には、濫用を避け、生命に対する権利および身体の完全性（intégrité physique）に対する権利を保障するために、より多くの保護措置を準備しなければならないと判断する。

憲法裁は、未成年者の苦痛が精神的なものであり、かつ明らかに短期間の内に死をもたらさない場合には、安楽死は認められないと指摘する。未成年者が有していなければならない判断能力は、安楽死の要請およびその結果の現実的な影響を評価する適性に関わるものであり、新生児または低年齢の子どもは、安楽死の適用から除外される。

憲法裁は、児童精神医学者または心理学者への相談を定める規定は、必要とされる判断能力を患者が備えていないと彼らが評価しているのに、主治医が未成年の患者の安楽死を実施しうるという点で、合理的に解釈することはできないと判断する。実際に、憲法裁は、児童精神医学者または心理学者への相談は、法律の適正な適用のための補足的な保証として解されると判断する。したがって、彼らによる意見は主治医を拘束する、と憲法裁は判断する。未成年者の判断能力が児童精神医学者または心理学者により書面で確認されていなければ、主治医は未成年者について安楽死を実施することはできないという意味において、2014年法により改正された3条§2・7°を解釈することが望ましい。

憲法裁は、以下のように結論付ける。すなわち、2014年法（による保障）は、一方で尊厳がなくつらい終末期を避けるために生命を終わらせることを選択する各人の権利と、他方で安楽死の実施に関して濫用を防ぐことを目的とする措置に対する未成年者の権利との間の、公正な均衡に基づく。前者は、私生活を尊重される権利から発生するものであり、後者は、生命に対する権

利および身体の完全性に対する権利から発生するものである。

判決当日の報道では、2014年法の施行から20ヵ月（約1年半）経つが、監督委員会は未成年者の安楽死について1件も届出を受理していないと伝えられている[23]。前述のとおり、この2日前に、成年者の安楽死について初めて書類が送検された。

5）　法改正の検討

2015年4月10日、カリン・ジロフレ（Karin JIROFLÉE）ら9人の議員（フラーンデレン地域の社会党（sp.a））により、安楽死法を改正する3つの法案が代議院に提出された。

1つ目は、脳疾患に罹り、意思を表明できなくなった人に関する法案[24]である。これは、意識がないか、先天性ではない脳疾患の進行した段階にあって意思を表明することができない患者のために、本人が宣言において述べた肉体的または精神的状態にあるものとして安楽死を認めることを目的とする。

2つ目は、事前の宣言の有効期間に関する法案[25]である。3つ目は、転医義務に関する法案[26]である。

3　緩和ケアに関する法律

安楽死法が制定された2002年には、6月14日に「緩和ケアに関する法律[27]」が制定されている。2012年3月に日本で開催されたシンポジウムでは、緩和ケアで培われた医師−患者間の信頼関係に基づき安楽死が実施されていると、ブリュッセル自由大学のリュック・デリエンス（Luc DELIENS）教授（社会学）が強調していた。

4　患者の権利に関する法律

2002年8月22日には「患者の権利に関する法律[28]」も制定されている。これは、とりわけ治療拒否の方法、および意思表示できない患者を代理する方法を規定する。

執拗な治療（acharnement thérapeutique）を拒否する権利に関連して、この法

律では「人間の尊厳および自律の尊重」(5条)が規定されている。「執拗さは、病者の尊厳の尊重という原則に反する」という[29]。患者は、「介入に関する同意を拒否するか撤回する権利」を有し(8条§4)、「受任者に補助してもらい、情報に関する権利を行使する」(7条§2)。患者に意識(法的能力)がない場合には、代理人が、本人の名により患者の権利を行使する[30]。

3　法制度の運用に関する評価および近時の動向
―― 答申、報告書および事例

1　ベルギー生命倫理諮問委員会による答申

ベルギー生命倫理諮問委員会(Comité consultatif de Bioéthique de Belgique, CCBB)(以下、生命倫理委員会)[31]は、連邦国家および各言語共同体による1993年1月15日の協力協定で創設された。生命倫理委員会は、安楽死法の起草時に示した「安楽死の法的解決の時機に関する1997年5月12日の答申1号」の他、終末期医療について次のような答申を公表している。すなわち「意思を表明できない人の生命の積極的な停止に関する1999年2月22日の答申9号」「認知症に罹患した人に直面する際の倫理的な規則に関する2001年12月10日の答申14号」および「説明に基づく同意および蘇生処置拒否の指示に関する2007年4月16日の答申41号」などが挙げられる。

「安楽死に関する2002年5月28日の法律の適用の倫理的側面に関する2014年1月27日の答申59号(Avis n° 59 du 27 janvier 2014 relatif aux aspects éthiques de l'application de la loi du 28 mai 2002 relative à l'euthanasie)」においては、「終末期クリニック(clinique de fin de vie)」に関する言及がなされている。これは、オランダにおける《Levenseindekliniek》を参考としたもので、安楽死の基準が満たされているのに要請が認められない患者のため、および医療にアクセスできない患者のために、移動式のチームを創設することが検討されている。結論としては、安楽死の要請に機械的に応え、それを義務付けるものとなってはならない、とされている。

図　違法な安楽死の年間実施数の変化

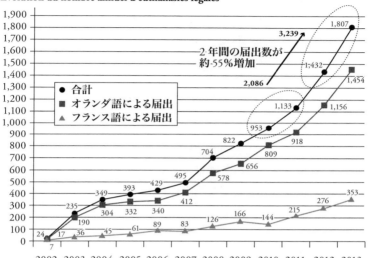

監督委員会による第6次報告書（2012～2013年）に基づき作成

2　監督委員会による報告書

　監督委員会は、2年ごとの報告書を作成している。2014年8月に公表された第6次報告書[32]によると、2012年から2013年の届出数（24ヵ月間に受理された登録文書の数）は3,239件である。2010年から2011年の届出数は2,086件であったため、この2年間で約55%増加している。届出数の変動は、一定の増加を示していたが、2011年以降、顕著に増加している傾向がある。この増加の原因は、おそらく終末期の決定に関する情報が、公衆および医師らの間に段階的に普及したためと説明される。

　登録文書を作成する言語は、オランダ語が2,610件（約80%）、フランス語が629件（約20%）となっている。最近2年間でも、過去11年間でも、この割合（80%：20%）は変わらない。ただし、オランダ語圏の人口が約2倍なので、人口に対する届出の比率は（4倍ではなく）約2倍となる。

　委員会の構成として、2011年10月18日の王令により、16名の委員が任

命されている（任期は4年）。そのうち、ヴィム・ディストゥルマンス（Wim DISTELMANS）医師（委員長、LEIF〔後述〕創設者）、マルク・アングレール（Marc ENGLERT）医師（Forum EOL〔後述〕の養成者）およびジャクリーヌ・エルマンス（Jacqueline HERREMANS）弁護士（ADMD〔後述〕会長）等が注目される。

3　諸団体
1）　尊厳死の権利協会
　尊厳死の権利協会（Association pour le Droit de Mourir dans la Dignité, ADMD）（以下、ADMD）[33] は、1982年4月24日にブリュッセルで設立された非営利団体であり、南部（ワロン地域）に支部が多い。ベルギーのADMDは、安楽死の非処罰化等のために活動する。

2）　医師らの養成
　終末期フォーラム（以下、Forum EOL）は、2003年11月にフランス語共同体で、ADMDの支援により設立された。これは、終末期の管理の問題について特に関心があり、かつ、この問題に関する簡潔でありながら特異な情報を追求する医師らを集結させるものである。Forum EOLの医師らは、同業者の意向に沿って、独立した医師とともに相談について保証する。この独立した医師は、これらの問題、その地方において利用できる緩和ケアのネットワーク、ならびに安楽死の要請があった場合の要件および踏むべき手続に関して十分に情報を与えられている。
　Forum EOLを活性化させるために、北部（フラーンデレン地域）における終末期の情報フォーラム（LevensEinde InformatieForum, LEIF）と同様に、より完全な養成プログラムを練り上げたという。LEIFによる養成は、連邦レベルでの協力体制を実施すると決定した点で独特なものだとされる。

4　欧州生命倫理研究所による評価
　欧州生命倫理研究所（Institut Européen de Bioéthique, IEB）（以下、IEB）は、

2001年11月にブリュッセルで設立された非営利団体である。IEBは、監督委員会から出された報告書を検討し、法制定後10年の総括として次のように批判する[34]。

- 権限がないにもかかわらず、監督委員会は、安楽死法の文言を拡張解釈している（特に「精神的苦痛」および「自殺幇助」に関して）。
- 監督委員会は、医師の届出に基づいて事後的にしか監督できず、このシステムの適切さを考える必要がある。
- 監督委員会の構成に関して、投票権を持つ委員のおよそ半数が、ADMDの会員または協力者であり、立法議会における審議の際にも専門家として意見を聴取されている。「一定の関与者が、実際には裁判官および当事者である。」
- 自宅での安楽死の場合、医師は、用いられなかった余剰分の製品を薬剤師に戻さなければならないが、この義務に対する監督が行われていない。
- 本質的には、緩和ケアは安楽死の実施を含むものではない。
- 安楽死の要請に、患者が記入する臓器提供の申請書を添付するということが実践されている。臓器提供の可能性が、自分の存在には価値がないと考えている患者の決定に影響を与える危険性はないのか？
- 判断能力がないとみなされている患者（年少者または精神障害者）について、医療チームは「緊急避難（état de nécessité）」という概念を援用する。すなわち、本人による要請がなくても、耐えがたく緩和できない苦痛の場合には、生命を終結させることができると解されている。法律により規定される要件以外に「緊急避難」の援用を認めることは、恣意的かつ制御不能な、増大した決定権限を医療チームに与えることになる。

5 事例

1) オランダ語圏における事例

①ヒューホ・クラウス（Hugo CLAUS）

作家ヒューホ・クラウス（当時78歳）が、アルツハイマー病により安楽死を要請し、2008年3月19日にアントウェルペンで死亡した。キリスト教ローマ・カトリックおよびベルギーのアルツハイマー病連盟からは批判が呈されている。認知症の患者に安楽死を実施できるかということについて、ADMDは、精神的苦痛は肉体的疾患の結果であるという見解を示す。患者の意識は明瞭でなければならず、要請は自発的になされ、熟考され、かつ繰り返されていなければならないという法律の規定は、精神疾患の大部分においては満たされないが、若干の例外的な事例またはこれらの疾患の特定期間は除外されるという。

②マルクとエディー・フェアベッセム（Marc and Eddy VERBESSEM）

2012年には、アントウェルペンに住む、生まれつき聴覚に障害をもつ双子の兄弟であるマルクとエディー・フェアベッセム（当時45歳）が、数年前から視覚障害も患うようになり、ブリュッセル市内の医師に安楽死を要請して、12月14日に安楽死の措置がとられた[35]。この2人は「お互いの顔を見られなくなってしまうことが耐えがたい」とし、薬物注射により死亡したという。医師によると、先天性の聴覚障害および迫りくる盲目（緑内障による遺伝的なもの）の他にも、この双子は重篤な医学的問題を抱えていたという[36]。兄は「弟たちはすべての生活を共にしており、彼ら相互と近親の家族にわかる特別な手話でしかコミュニケーションをとれなかった」と言う[37]。安楽死は、ブリュッセル自由大学の病院において、ヴィム・ディストゥルマンス教授（医師）の決定により行われた[38]。

③ナタン／ナンシー・フェアヘルスト（Nathan/Nancy VERHELST）

身体的には女性として生まれた男性（当時44歳）が、性別適合（"性転換"）手術の失敗後、2013年9月30日に安楽死を選択して死亡した[39]。本人は、末期状態の病気に罹患していたわけではなく、度重なる手術の結果によって希望が満たされず、望まない体に常に閉じ込められたと感じていた。ナンシーは、42歳の時に、女性の体にもはや耐えられないという理由でナタンとなっていた。この安楽死も、ブリュッセル自由大学のディストゥルマンス教授の監督下で行われた。

④フランク・ファン・デン・ブリーケン（Frank VAN DEN BLEEKEN）

強姦致死等で30年収監されている男性受刑者が、安楽死を要請していた。ファン・デン・ブリーケンは、耐えがたい精神的苦痛を被っており、刑務所内で治療を受けていないとして、適切なケアを受けられるオランダの施設へ移送されることを要請していたが、拒否された。2014年9月、ブリュッセル控訴院は、本人と司法省との間で締結された合意を認め、司法省は、安楽死実施のために本人が病院へ移送されることを認容した[40]。しかし、コーエン・ギーンス（Koen GEENS）法務大臣（CD&V）は、安楽死の要請を否定しヘントの司法精神医学センターおよびオランダの専門センターへ移送する見解を示した[41]。

⑤トム・モルティエ（Tom MORTIER）

トム・モルティエは、医師が処方する死を認めるベルギーの法律に異議を唱えて、人権条約2条、8条および13条に基づき、人権裁判所に申立てを行った[42]。申立てにおいては、ベルギー法は度を越している、すなわち、重要な公益および人権条約2条に基づく国家の義務を犠牲にして、受け入れがたく個人の自律にバランスが傾いていると主張される。モルティエによると、自分の母（Godelieva DE TROYER）は、末期の病気ではなかったにもかかわらず、「不治のうつ病」を理由として医師により殺され、自分は、母の死の翌日に電話を受けるまで、何が起こっていたのかを知らなかったという。

Alliance Defending Freedom（ADF）の訴訟スタッフ顧問（Robert CLARKE）は、腫瘍学者のヴィム・ディストゥルマンスは、精神医学の資格を有しておらず、それまで本人のケアに関与していなかった他の3人の医師から同意を得た後、2012年4月に母を殺した等と主張する。人権裁判所は、この事件をベルギー国内の刑事裁判所が扱うよう要請した、と2015年6月15日付で伝えられている[43]。

2）フランス語圏における事例および緩和ケア

コリンヌ・ヴァン・オースト（Corinne VAN OOST）は、2014年の著書『カトリックの医師である私が、なぜ安楽死を行うのか〔仮訳〕[44]』におい

て、自らが関わった事例に基づき証言を行っている。彼女は、オティニー（Ottignies）にある診療所(クリニック)で緩和ケアに携わっており、当初は安楽死に反対で、現在も「安楽死は危険」という立場を保っているが、緩和ケアの中で最後まで寄り添うことを強調している。

6　宗教的見解

2013年11月6日、宗教的指導者ら[45]による連名の公式発表[46]が行われた。これは、安楽死法の拡張に反対するものであり、次のように述べられている。すなわち、「我々は、哲学的な論拠に基づく市民として、および各宗教の伝統を継承する信者として、」「このような拡張への反対を強調し、……強い懸念を表明する。」「とりわけ子どもの苦痛を我々は避ける。しかし、未成年者が自分自身の安楽死を決定することができると提案することは、彼らの判断能力、彼らの自由を歪曲する」という。

2015年11月6日、カトリックのメッヘレン・ブリュッセル大司教区では、アンドレ＝ジョゼフ・レオナール（André-Joseph LÉONARD）大司教の後継者としてジョゼフ・デ・ケーゼル（Jozef DE KESEL）司教が指名された。デ・ケーゼル大司教による「施設（例えば病院）のレベルで、安楽死および中絶を行わないことを決定する権利がある」という発言は、「良心的拒否は医師個人に認められるものであって、医療施設が主張できるものではない」という批判を呼び起こした[47]。

4　おわりに

ベルギーにおいては、精神的な苦痛により安楽死を選択することについて、議論が高まっている。このような場合には、死期が切迫していないこともあり、第2の医師に相談するという慎重な手続が必要となるが、実務における運用および今後の法改正が注目される。

2　ベルギーにおける終末期医療に関する法的状況　53

〔謝辞〕この研究は、科研費補助金（基盤 B）（2011 年 11 月 18 日〜 2014 年 3 月 31 日、研究代表者：盛永審一郎／ 2014 年 4 月 1 日〜 2017 年 3 月 31 日、研究代表者：小出泰士）および財団法人上廣倫理財団研究助成（2013 年〜 2014 年）を受けて行われた。

注

1　28 MAI 2002. - Loi relative à l'euthanasie : MB du 22 juin 2002, p.28515
2　本田まり「ベルギーにおける終末期医療に関する法的状況」盛永審一郎ほか『終末期の意思決定 ― 死の質の良さを求めて ― 』理想 692 号（理想社、2014 年）30-41 頁；同「終末期医療に関する法的状況 ― フランスとベルギーの比較から」年報医事法学 30 号（2015 年）17-22 頁
3　矢島基美「ベルギーにおける連邦制」比較法研究 67 号（2005 年）54-69 頁、56 頁
4　矢島、前掲注（3）56 頁
5　<http://www.senate.be/www/webdriver?MItabObj=pdf&MIcolObj=pdf&MInamObj=pdfid&MItypeObj=application/pdf&MIvalObj=33576552>
6　CE, préc. note(5) p.9
7　<http://www.senat.fr/lc/lc109/lc1091.html>
8　<http://www.admd.be/Legislation.html> ; IEB, EUTHANASIE : 10 ans d'application de la loi en Belgique <http://www.ieb-eib.org/fr/pdf/euthanasie-belgique-10-ans-de-depenalisation.pdf>
9　Chambre des Représentants de Belgique, DOC50 1488/005 (1er mars 2002) Projet de Loi relatif à l'euthanasie - Amendements, N° 25 de MM. VAN PARYS, GOUTRY, VANDE WALLE et MME SCHAUVLIEGE, p.9 <http://www.lachambre.be/FLWB/pdf/50/1488/50K1488005.pdf>
10　Chambre des Représentants de Belgique, DOC50 1488/006 (6 mars 2002) Projet de Loi relatif à l'euthanasie - Amendements, N° 46 de M. ARENS (Sous-amendement à l'amendement n° 45), p.5 <http://www.lachambre.be/FLWB/PDF/50/1488/50K1488006.pdf>
11　N° 32 de MM. VAN PARYS, GOUTRY, VANDE WALLE et MME SCHAUVLIEGE, préc. note(9) pp.13-14
12　La Libre, 28 octobre 2015; RTBF, 29 octobre 2015
13　SBS, 19 novembre 2015 <http://www.sbs.com.au/news/dateline/article/2015/10/29/belgian-euthanasia-doctor-could-face-criminal-charges> et 24 novembre 2015 <http://www.sbs.com.au/news/dateline/story/allow-me-die>
14　10 NOVEMBRE 2005. - Loi complétant la loi du 28 mai 2002 relative à l'euthanasie par des dispositions concernant le rôle du pharmacien et l'utilisation et la disponibilité des substances euthanasiantes : MB du 13 décembre 2005, p.53613
15　IEB, préc. note(8) p.6
16　外科医であり、社会党に所属している。
17　S. 5-2170, Proposition de loi modifiant la loi du 28 mai 2002 relative à l'euthanasie en vue de l'étendre aux mineurs
18　Le Monde, et al., 27 novembre 2013

19 <http://www.afpbb.com/articles/-/3005012?ctm_campaign=txt_topics>
20 28 FEVRIER 2014. - Loi modifiant la loi du 28 mai 2002 relative à l'euthanasie, en vue d'étendre l'euthanasie aux mineurs : MB du 12 mars 2014, p.21053
21 6 JANVIER 2014. - Loi modifiant diverses lois suite à la réforme du Sénat : MB du 31 janvier 2014, p.8713
22 C. Const., arrêt n° 153/2015 du 29 octobre 2015 :
<http://www.const-court.be/public/f/2015/2015-153f.pdf>
<http://www.const-court.be/public/f/2015/2015-153f-info.pdf>
23 La Libre, 8 décembre 2015
24 Proposition de loi modifiant la loi du 28 mai 2002 relative à l'euthanasie en ce qui concerne les personnes atteintes d'une affection cérébrale et devenues incapables d'exprimer leur volonté, DOC 54 1013/001 <http://www.lachambre.be/FLWB/PDF/54/1013/54K1013001.pdf>
25 Proposition de loi modifiant la loi du 28 mai 2002 relative à l'euthanasie en ce qui concerne la durée de validité de la déclaration anticipée, DOC 54 1014/001
<http://www.lachambre.be/FLWB/PDF/54/1014/54K1014001.pdf>
26 Proposition de loi portant modification de la loi du 28 mai 2002 relative à l'euthanasie en ce qui concerne l'obligation de renvoi, DOC 54 1015/001
<http://www.lachambre.be/FLWB/PDF/54/1015/54K1015001.pdf>
27 14 JUIN 2002. - Loi relative aux soins palliatifs : MB du 26 octobre 2002, p.49160
28 22 AOUT 2002. - Loi relative aux droits du patient : MB du 26 septembre 2002, p.43719
29 François DAMAS, *La mort choisie: comprendre l'euthanasie & ses enjeux*, Éditions Mardaga, 2013, p.22
30 « Une invitation au dialogue : Loi "Droit du patient" » <www.patientrights.be>
31 <http://www.health.belgium.be/eportal/Healthcare/Consultativebodies/Commitees/Bioethics/index.htm#.UnDLWuDDW-Q>
32 Commission fédérale de contrôle et d'évaluation de l'euthanasie, Sixième rapport aux chambres législatives（Années 2012 et 2013） <http://www.health.belgium.be/internet2Prd/groups/public/@public/@dg1/@acutecare/documents/ie2divers/19097638.pdf>
33 <www.admd.be>
34 IEB, préc. note（8）
35 時事通信2013年1月12日、ロイター2013年1月15日、ニューズウィーク日本版2013年1月15日 <http://www.newsweekjapan.jp/stories/world/2013/01/post-2814.php>
36 Telegraph, 14 Jan. 2013
37 Telegraph, *ibid*.
38 Telegraph, *ibid*.
39 BELGA, Le Soir, 1 octobre 2013 ; Le Monde, 2 octobre 2013 ; AFP 2013年10月2日
40 RTBF, 15 septembre 2014
41 AFP 2015年1月7日
42 <http://www.adfmedia.org/News/PRDetail/9291> <http://www.ieb-eib.org/fr/bulletins/euthanasie-plainte-contre-la-belgique-273.html#sujet777>

43 <http://www.adfmedia.org/News/PRDetail/9672>
44 Corinne VAN OOST, *Médecin catholique, pourquoi je pratique l'euthanasie*, Presses de la Renaissance, 11 septembre 2014
45 ベルギー・プロテスタント教会連合会長、ブリュッセル・ユダヤ教大祭司、ベルギー・英国国教会中央委員会委員長、ベルギー司教会議議長、ベルギー連邦プロテスタント・福音主義教会会議議長、コンスタンティノープル総大主教（東方正教会）、ベルギー・イスラム執行部長
46 La Croix, 6 novembre 2013
47 RTBF, 28 décembre 2015

3 ルクセンブルクにおける終末期医療関係法の現状と課題

小林 真紀

1 はじめに

　2009年3月16日に、ルクセンブルクで、終末期に関する2つの重要な法律、すなわち、緩和ケア、事前指示書および終末期の付添いに関する法律（以下、「緩和ケア法」とする）[1]と、安楽死および自殺幇助に関する法律（以下、「安楽死法」とする）[2]が成立した[3]。緩和ケア法は、終末期にある患者が緩和ケアを受ける権利、患者が無益な治療を拒否しうる権利、そのような治療を差し控えた医師の免責、事前指示の効果といった、終末期患者に尊厳ある死を法的に保障するために不可欠な複数の要素を、一括して整備するために定められた法律である。他方、安楽死法は、医師による安楽死または自殺幇助の合法化の要件、終末期の意向書の効果、第三者機関による事後審査など、安楽死および自殺幇助が一定の条件下で合法的に行われるために必要な仕組みを整える目的で制定された。前者は2006年6月7日、後者は2002年2月5日にそれぞれ国民議会（Chambre des Députés）[4]に初めて提出されたが[5]、その後、国務院（Conseil d'Etat）での審議の過程で両法案を同時に議論することになり、結果的に2つの法律が同日に成立することになった。
　ルクセンブルクでは、1998年8月28日に「医療機関に関する法律」（以下、

「医療機関法」[6]とする）が制定された。この法律により、一般的に、患者には治療を拒否する権利があることが明文化され（医療機関法40条）、また、不治かつ終末期にある患者に対して医師は緩和ケアを実施すべき義務が課される旨が定められた（医療機関法43条）。これらの規定に加え、患者の情報の秘匿性や、治療に関して平等に扱われる権利なども明文化され、医療機関における一般的な患者の権利は保障されるようになった。しかし、終末期に関する意思表示の方法やその法的効力について具体的な規定はなく、終末期患者の治療拒否に関する自己決定権の保障という視点からは十分な規定であるとは言えなかった。さらに、同法の規定は、医療機関「内」に収容されている患者を対象としたものであったため、自宅をはじめとする医療機関「外」の場所で終末期を迎える（あるいは迎えたいと考える）患者には適用されないという問題を抱えていた[7]。緩和ケア法は、こうした従前の課題を解決するために、政府から法案が議会に提出され成立したものである。

他方、安楽死法は、立法の段階から是非について見解がわかれ、議会でも議論が錯綜した点で緩和ケア法とは異なる。すでに、1998年2月には、生命および保健科学に関する国家倫理諮問委員会（Commission Consultative Nationale d'Ethique pour les sciences de la Vie et de la Santé（C.N.E.））が「自殺幇助および安楽死に関する答申」[8]を公表していたが、その中で、同委員会は、極めて限られた状況での安楽死の実施には理解を示しながらも、これを合法化することには積極的に賛成しない旨を明らかにしていた。1990年代後半からは、国民議会でも積極的安楽死および自殺幇助の合法化に関する議論が行われたが、反対の意見も根強く、立法化にはつながらなかった。2001年に当時の首相がこの問題を再度議論することを宣言してから、具体的な立法化への手続が本格化し、それを受けて2002年に2名の議員が法案を提出し、その後、数年にわたる議会での審議の結果ようやく成立したものである。

2 緩和ケア、事前指示書および終末期の付添いに関する法律

緩和ケア法は、第1章「緩和ケアを受ける権利」、第2章「終末期患者の

意思および事前指示」、第3章「終末期にある者の付添人の休暇」および第4章「改正規定および最終規定」の4つの部から構成されている。中でも、緩和ケアの定義、不適切な治療の中止・拒否および事前指示書の3つの項目が重要である。

1　緩和ケアの定義

　緩和ケア法1条は、一般的に緩和ケアに関する権利の原理を謳うことにより、病院か在宅かといった状況にかかわらず、あらゆる患者が緩和ケアを受けられるようにすべきであるという政府の主張を具現化した規定である。同条によれば、緩和ケアは、「能動的、継続的かつ連携の取れたケアであり、ケアを受ける者の尊厳を尊重しつつ、複数の分野の専門家からなるチームによって」実施され、「ケアを受ける者の肉体的および精神的要求のすべてに応え、患者の周囲の者を支える目的」を有する。具体的には、「疼痛および精神的苦痛のケア」が含まれる。緩和ケアを受ける権利は、「重篤かつ不治の疾患の進行期または末期にある、あらゆる人」に対して保障される。疾患の原因は問われないが、重篤かつ不治ではない場合や、当該疾患の進行期あるいは末期とは判断されない場合は保障の対象ではない。なお、この緩和ケアに対する権利が法律の第1条に明記されていることには一定の意味がある。すなわち、「重篤かつ不治の疾患の進行期または末期にある人」は、誰でも、まず緩和ケアを受ける権利が保障され、そののちに、患者は不適切な治療の中止や拒否を求めうるという段階が明確にされるからである。これは、患者が十分な緩和ケアを受けられないまま治療を差し控えられたり中止されたりする事態を回避しようという立法者の意思の表れであるとも言える。

2　不適切な治療の中止、拒否 (arrêt ou refus de traitements inappropriés)

　治療や検査を拒否する権利は、すでに1998年の医療機関法40条によって、同法に定められている機関に収容されている患者に対しては認められていた。しかし、この規定には、一方で、拒否した医師には、患者に対してあらゆる緩和措置を採らねばならない義務が課され、他方で、不適切な治療を差し

控えたことが刑法上の罪に該当するかどうかが明確でないといった問題点があった。そこで、政府は、こうした規定上の曖昧さを払拭する目的で、中でも、医師が責任を問われない行為とは何かを明記することが重要であるとして、緩和ケア法の条文を起草した。その結果、重篤かつ不治と判断される疾患の進行期あるいは末期にある患者の状態に鑑みて、不適切であると判断される検査や治療で、かつその時点の医学的知見に基づけば、当該患者の症状の緩和、改善あるいは完治の望みを与えることができない場合には、それらの措置を中止したり差し控えたりしても、医師は民事上および刑事上の責任を課されることはないとする規定が挿入された（緩和ケア法2条）。さらに3条では、死期を早める二次作用がある治療以外に患者の苦痛を緩和する方法がない場合は、本人の同意を得られれば、医師はそうした副作用を持つ治療であっても実施できると定められた。

　非合理的であると判断された治療が中止された後[9]は、医療者は、本人の生の質が可能な限り維持されるよう、肉体的、精神的、心理的要望に応え、それに対する措置をとる。家族などの近親者のサポートも行う。また、人工水分・栄養補給を中止した場合には、それが患者にとっての飢えや渇きによる死につながらないよう、本人の感覚が失われていく過程で可能な限り生の質が維持できるよう配慮することが医療者側に求められる。人工呼吸器を取り外す場合は、医師は合併症を防ぐ薬物治療を継続する。これは、大抵は鎮静（セデーション）の形で施されるが、浅い鎮静、間欠的鎮静、深い鎮静のいずれを実施するかは、患者の状態に応じて決定される。

　より問題となるのは、患者がすでに意思表示できない場合の治療の中止あるいは差し控えである。この点については、1998年の医療機関法では何ら触れられていなかったため、とくに国務院は新たなルールを緩和ケア法に入れることを推奨していた。国務院によれば、ある治療的行為が非合理的な延命治療にあたるかどうかを判断する際には、患者だけでなく、その家族の意思も考慮されなければならないという。患者と医師との間で共通の理解が存在する場合には問題は発生しないが、患者の推定される意思が不明な場合や、医師の視点からは有効性はないと考えられる措置を患者やその家族が希望す

る場合は、一筋縄では解決されない。このときもっとも注意すべきは、医師が恣意的な判断を下す可能性（患者の年齢、認識力や経済力を理由とした差別をするおそれ）を排除することである。この点に関しては、提案された当時の法案には十分な規定がなかった。そこで、国務院は、まず、患者の意思が不明な場合には、医師に、患者が事前に意思を表明していなかったかを、受任者（personne de confiance）あるいは患者の周囲のあらゆる人に対して探る義務を課すことを推奨し、これが緩和ケア法6条2項に反映される形で明文化された。他方、治療の継続の有益性について患者やその家族と医師との間に見解の対立がある場合に、いずれか一方の見解を優先することの是非が問われた。一方で、国民議会内に設置された特別倫理委員会は、こうした場合には患者（やその家族）の意思を尊重すべきであると主張していた。これに対して、国務院は、患者だけでなく医師自身にも自らの信条に反する行動を強いられないという原則は適用されるから、安易にいずれか一方の意思を優先すべきではないと指摘した。同時に、この問題は、医療資源の有限性という視点からも検討されるべきであり、明らかに無益であると考えられる治療まで医師が提供する必要はないことも付言している。

　結果的に、法律の規定としては、事前の患者の意思表示と医者の判断の間に乖離がある場合には、医師は診療録（カルテ）にその旨を明記することに加えて、必ず家族にその旨を伝える義務が課されることが定められた。他方、患者の意思表示に医師の信条に反する内容が含まれている場合には、医師は、受任者または患者の家族と相談した上で、患者の意思を尊重しうる別の医師に当該患者を移送することで自らの義務は果たされるとする規定が盛り込まれた（緩和ケア法6条2項、4項および5項）。

3　事前指示書（directive anticipée）

　緩和ケア法の条文の中で、もっとも多く分量が充てられている規定が、事前指示書に関わる事項である。これは、いかなる医療的侵襲にも、患者の明示の同意が必要であるとする原則が重視された結果である。緩和ケア法の規定によれば、事前指示書とは、自分の死期に関わる意思を記載した書面であ

り、意思の表明が困難になった場合に、医療スタッフが終末期における治療の方針を決定する際に考慮に入れられるものである。とりわけ、疼痛緩和を含む治療の条件、制限および中止に関して採るべき措置や、終末期の付添いについて指示することができる。

1）作　成

　緩和ケア法5条1項によれば、事前指示書の作成は「あらゆる人」に認められる。後述する安楽死法下で認められる終末期の意向書については、その作成は能力のある成年者に限られるが、事前指示書は誰でも作成できる点が異なる。なお、事前指示書には共通のフォーマットはなく、書式は本人の自由に任されている[10]。

　そもそも、政府提出法案の段階では、事前指示書は、「能力のある成人」のみが作成できるとする条件が設けられていた。ところが、障害者高等評議会が、この条件は障害者を排除することになり権利の平等原則に反すると反発した。これを受け、国務院も、1997年4月4日の生物医学に関する人権および人間の尊厳の保護のための条約（通称オヴィエド条約）や子どもの権利条約を根拠に、障害者や未成年者も対象とするよう議会に促した。5条1項の規定は、こうした指摘が反映されたものと考えられる。

　なお、事前指示書を本人が作成することが難しい場合には、2名の証人の前で代理人に作成してもらうことも可能である（緩和ケア法5条2項）。また、これを、医師の助言のもとに作成することも認められている。特に医学的な知識のない患者にとっては、医師の助言に基づいて作成することは事前指示書の内容を明確化できるだけでなく、そうした助言を求める作業を通じて医師との間に信頼関係を構築できるという利点にもつながる。

2）効　果

　事前指示書は、意思表示できなくなった場合を想定して予め作成されるが、患者がそれを常に携帯しているとは限らないから、たとえば、意識の無い重篤な患者が急遽病院に搬送された場合を想定すると、医師が当該患者か

ら直接その存在を知らされることは期待できない。そこで、緩和ケア法では、医師は、まずは事前指示書を作成していることを前提として、指名された受任者、あるいは（事前指示書の存在を知りうる）あらゆる他の者に本人の事前指示書があるか否かを確認しなければならない旨が定められた（緩和ケア法4条）。その結果、その存在を知った場合には、事前指示書の内容を考慮に入れる義務を負う（緩和ケア法6条1項）。ただし、このときに医師に課される義務はあくまで「考慮に入れる」ことであって、その内容を忠実に「実行する」ことではない。その時の患者の状態や、事前指示書の作成後に実現された医学の進歩などを勘案した結果、医師が、事前指示書の内容とは異なる治療を行うことが妥当であると判断した場合には、その理由を診療録に記載し、受任者、あるいは家族に知らせることを条件として、当該措置をとることが認められる。また、事前指示の内容が医師の信条に反する場合には、当該医師は、受任者または家族との協議ののち、事前指示書の内容を尊重しうる別の医師に患者を「送る」ことで義務を果たしたものとみなされる（緩和ケア法6条5項）。

　最後に、事前指示書の有効期間に関しては緩和ケア法には一切規定はないが、いつでも書き換えたり無効にしたりできることから（緩和ケア法5条4項）、保健省は、作成者自身が一定の期間ごと（具体的には、3年から5年ごと）に見直すことが望ましいとしている。それ故、いったん作成された事前指示書が、その後適時見直されているのであれば、そこに表明されている意思については、医療者は最大限尊重する義務が発生すると考えられる。

3）　事前指示書の閲覧および保管の方法

　緩和ケア法7条により、重篤かつ不治の疾患の進行期または末期にある患者を担当する医師であれば、誰でも、当該患者の事前指示書を閲覧することが可能である。患者は、事前指示書を、入院の際に医療スタッフに提出することもできるし、入院中に、主治医に渡すことも認められる。事前に、受任者や家族が受け取っている場合は、これらの者が、患者の状態に応じて医療スタッフに事前指示書を提出する。いずれの場合でも、事前指示書は診療

録に添付され、院内では当該患者に関わるすべての医療スタッフが閲覧できる状態で保管される。

　当初、政府は、保健省内に、個人が作成した事前指示書を一括して登録・管理するシステムを整備することを想定していた。しかし、事前指示書の修正・撤回に個人の自由な意思が反映されることを保障しつつ、同時にそれらが手続としてある程度公正に行われることを追求しようとすれば、両者の間に矛盾が生じる。そのため、最終的には、事前指示書の保管に中央管理システムはそぐわないと判断した。ただし、政府は、将来的に制度が軌道に乗り、また安楽死法下で認められる終末期の意向書の管理方法との兼ね合いも考慮されるのであれば、集中登録システムも想定しうるとしている。今後は、こうした自由な管理方法が臨床の現場に適しているかどうかが改めて検討されることが想定される。

3　安楽死および自殺幇助に関する法律

　緩和ケア法と同日に成立した安楽死法は、第1章「一般規定」、第2章「安楽死または自殺幇助の要請、条件および手続」、第3章「終末期の意向書」、第4章「公式な届出」、第5章「国立監督評価委員会」、第6章「修正規定」、第7章「特別規定」および第8章「移行規定」から構成されている。同法の主な特徴は、第一に、法定の条件を満たす状況下で行われた安楽死または自殺幇助の行為は、刑法上の罪を問われないとする枠組みを制定したこと、第二に、将来、意思表示ができなくなった時に備えて、患者に、予め安楽死の希望を終末期の意向書に記載することが認められたこと、第三に、安楽死の実施手続を監視し、実施状況を分析する機能を担う国家機関が創設されたことにある。

1　実施の要件[11]

　安楽死法1条によれば、安楽死は、「患者の明白かつ自発的な要請に基づき、医師によってなされる、意図的にその者の生命を終わらせる行為」であ

る。また、同条により、自殺幇助は、「本人の明白かつ自発的な要請に基づき、医師が、意図的に他者の自殺を助けるか、他者に対してそのような効果をもつ手段を提供すること」と定義されている。

ルクセンブルク刑法典393条、394条および397条は、それぞれ殺人（故殺）、計画殺人（謀殺）および毒殺が、刑法上、処罰（終身刑）の対象となることを定めている。これらの規定が適用されるとすると、たとえ患者「本人の明示的かつ自発的な要請」に基づくものであっても、医師が実行した、当該患者の「生命を意図的に終結させる行為」は殺人に該当し、刑を宣告されることになる。したがって、安楽死を合法的に行うことを認めるためには、まず、法定の条件を満たす状況下で実施された安楽死および自殺幇助に限って、上述の刑法上の処罰の対象から外れることを定める必要があった。

安楽死法2条は、こうした問題を解決するための合法化の要件を明文化したものである。同条の規定により、法定の条件の下で行われた安楽死または自殺幇助に限り、医師は、刑事上のみならず、民事上の責任も問われない。但し、このことは、医師による安楽死や自殺幇助の実施が完全に合法化されたことを意味するわけではない。安楽死法が定める条件を遵守しない形で行われた場合は、医師といえども、刑法の原則が適用され殺人罪に問われる。ここから、安楽死法は、終末期にある患者に対して等しく「死ぬ権利」を与えるものではなく、安楽死や自殺幇助をあくまで例外的な手段として位置づけているに過ぎないことがわかる。

1）　実体的要件

合法的に実施された安楽死あるいは自殺幇助であると認められるためには、具体的には、次に掲げる要件がすべて満たされていなければならない（安楽死法2条1項）；①患者が能力のある成年であり、安楽死または自殺幇助の要請時に意識がはっきりしていること、②患者の要請が、自発的に、十分に考慮され、場合によっては、繰り返しなされ、かつ外部からの圧力によるものでないこと、③患者が、医学的に解決策がない状態にあり、事故または疾患の結果として、治る見込みのない、持続的かつ耐えがたい肉体的または精

神的な苦痛に苛まれていること、④患者による安楽死または自殺幇助の要請が書面により表明されていること。これら4つの要件に合致する場合に限り、医師の行為の違法性は問われず、民事上の責任も課されない。

　第一に、安楽死や自殺幇助の要請は、「能力のある成年者」本人によって表明されたものでなければならない。故に、患者の安楽死を望む意思がどれほど明確に書面で示されていたとしても、当該者が未成年者である場合には、その意向は法的に有効であるとはみなされない。また、本人による意思表示が絶対条件であることから、たとえば、子が耐えがたい苦痛に苛まれていることを理由に、親が子に代わって安楽死を要請することも認められない。いわゆる重症新生児の安楽死に関しても、本人による意思表示が不可能である以上、法定の要件を満たすとはいえないから、安楽死法の適用対象外となる。さらに、家族による代諾も認められない。いかなる近親者も、患者の名前で、患者に代わって、安楽死を決定することはできず、医師は必ず患者本人の直近の意思を尊重しなければならない。受任者が指名されている場合であっても、受任者は個人的立場から決定したり意思を表示したりすることは認められず、医師に患者の意思を伝える役割を任されるにすぎない。

　なお、安楽死や自殺幇助を要請できる者について、安楽死法は、「能力のある成年」であることのみを定め、その他の要件は求めていない。ここで問題となるのが、国外から安楽死を求めて入国するいわゆる「自殺ツアー」の問題である。安楽死法には居住地や国籍に関する規定は一切含まれていない。したがって、ルクセンブルク国外に住む者や外国籍の者であっても、医師に安楽死を求めること自体は可能である。他方で、法律上は、患者と医師の間には、一定の診察期間を経たのちに構築される現に緊密な関係があることが前提となっている。特に、医師には、患者の要請が任意によるものであることを確認し、期間をあけて患者と複数回にわたり協議し、苦痛が耐えがたいことを確認する義務がある（安楽死法2条2項2））。したがって、実際には、外国籍の者が安楽死をするためだけの目的でルクセンブルクに入国し、安楽死法に基づき、短期間のうちに望むような死に方で最期を迎えることは困難ではないかと考えられる。

第二に、患者が治癒の見込みのない耐えがたい苦痛に苛まれていることが必要である。この場合の苦痛には、肉体的苦痛と精神的苦痛の両方が含まれると解されている。二つの苦痛が併存している場合はもとより、理論上は、いずれか一方、とりわけ精神的苦痛のみが存在する場合であっても安楽死の対象となる。苦痛の原因となる疾患としては、大抵の場合は癌や麻痺を伴う神経・筋肉の疾患等が考えられるが、それ以外のものであっても、法が定める条件を満たす疾患であればすべて該当する。むしろ、より問題となるのは、具体的な疾患名よりも、耐え難い苦痛であるかをいかに客観的に評価するのかという点である。そこで、医師の判断について一定の客観性を確保するために、2条2項3)は、安楽死を実施しようとする医師に対して、別の医師に意見を聴くことを義務付けた。さらに、主治医は、自ら選んだ専門家に任意で意見を聴いたり、鑑定を求めたりすることもできる（安楽死法3条）。こうした規定は、医師が、患者の苦痛の程度の評価という困難な任務を遂行するには不可欠であるといえる。

　第三に、患者からの安楽死または自殺幇助の要請は、手続の透明性を確保するために、必ず書面によらなければならない。但し、要請が書面に基づいていたとしても、その後に本人から口頭でそれを撤回する旨の意思表示があった場合には、直近の意思が尊重され、医師は安楽死を実施することはできない。また、医師は、患者からの安楽死や自殺幇助の要請が任意であることを確認した上で、他の医師に対し、当該患者の疾病の性質や症状について意見を求めなければならない。場合によっては、医師以外のケアチームや、当該患者が指名した受任者とも協議する必要がある。このように、複数の医師の見解を反映させたり、医師以外の専門家や関係者の意見も取り入れたりすることで、安楽死や自殺幇助を実施するという医師の決定の適法性を担保することが目指されている。

　なお、以上の要件を満たすことは、安楽死や自殺幇助が合法化されるための必須条件であるが、そのことは、医師にそれらを実施すべき義務が課されるということを意味するわけではない。医師がなすべきは、安楽死や自殺幇助を望む患者の意思を「尊重」することであって、それを必ず「実施」する

ことではない。実際に、安楽死や自殺幇助の要請を受けた医師が、自身の信条を理由としてその要請を拒むことも可能である（安楽死法 15 条）[12]。この場合には、当該医師は、当該患者の診療録を別の医師に送付することで、自身に課された患者の意思の「尊重」義務を果たしたものとみなされる。安楽死法が、すべての患者に絶対的に「死ぬ権利」を認めるものではないと理解されているのも、こうした枠組みが設けられていることに因ると考えられる。

2） 実施手続

　安楽死法 2 条 2 項により、医師が安楽死または自殺幇助を行おうとする場合には、次の手続を踏まなければならない；①患者からの要請について協議するために、当該患者に、病状、余命について知らせ、実施可能な治療および緩和ケアに関わる情報も提供する、②患者と複数回面談し、患者が肉体的または精神的苦痛に苛まれており、患者の意思が直近に繰り返し示されたものであることを確認する、③患者の病状が重篤かつ不治であるかどうかについて、他の医師に意見を聴く、④（患者が反対しない限り）患者のケアを担当しているスタッフと協議する、⑤（患者が反対しない限り）受任者と協議する、⑥患者が自ら望む者に相談する機会を有していることを確認する、⑦患者の名前で終末期の意向書が登録されているかについて国立監督評価委員会に照会する。この意向書の登録の有無を確認するという手続は、医師が患者の直近の意思を知るためには必須である。これにより、医師は、患者の意思表示が、十分に考慮されたのちに任意でなされたものであるか否かを判断する。ただし、人間の意思は絶対不変なものではないから、意向書が登録されていても、そこに示された意思が必ず現在の患者の意思と一致するとは限らない。たとえば、安楽死を望む旨を記載した意向書が登録されていても、患者が登録後にそれとは異なる（つまり安楽死を望まない）意思表示をしていることを医師が知った場合には、当該医師は安楽死を実施することはできないとされている。

　以上の手続を踏んだ上で、安楽死または自殺幇助を実施した場合、主治医は、実施後 8 日以内に国立監督評価委員会に届出をしなければならない。

この届出を受けて同委員会は、適正な手続に則って合法的に安楽死または自殺幇助が行われたかどうかを事後的に審査する。

2　終末期の意向書（disposition de fin de vie）

　安楽死法により終末期の意向書に一定の法的効力が認められた。終末期の意向書とは、「成年で法的能力のある者」が、「自らの意思をもはや表示しえない時」に備えて、「自分が安楽死を望む状況と条件」について予め記載した書面を指す。この終末期の意向書は、身体的に問題がない場合には、本人が作成し、日付を入れ、署名する。身体的に何らかの問題を抱えていて本人の手で作成することが難しい場合には、本人が指名した成年の代理人が、2名の証人の前で作成することも可能である。いずれの場合であっても、本人であれば、いつでもその意向書を撤回したり修正したりすることができる。なお、終末期の意向書を、未成年者や成年被後見人などが作成することは認められていない。

　終末期の意向書の有効期間について、安楽死法には明確な規定はない。しかし、同法4条2項の規定により、意向書は本人によって常に修正・撤回が可能であること、および登録から5年毎に意向書の作成者の意思を国立監督評価委員会が確認することになっていることから、実務上は5年の有効期間が前提とされていると考えられる[13]。

　終末期の意向書の書式は任意である。ただし、保健省・社会保障省が、モデルとなる2種類の書式を示し、その使用を推奨している[14]。第一のモデルは、書類作成を本人が行う場合のものである。全体は、必須事項を記載する第1部と、任意事項を記入する第2部とに分けられる。前者に関しては、氏名、住所、国民登録番号（個人識別番号）、生年月日、電話番号（加えて、希望があればメールアドレス）を記載する。次に、法定の条件が満たされる場合に安楽死または自殺幇助を望む旨の文章が書かれている（これはすでに印刷済みである）。最後に、安楽死を望む状況または条件について、個人的な希望を記載できる自由記述欄が設けられている。末尾に日付を入れ、署名すると第1部は完成である。第2部に関しては、作成は任意であるが、受任

者を指名する場合には記入する必要がある。また、埋葬・葬儀の方法に関する希望も書き込める。

　第二のモデルは、意識ははっきりしているが身体的な理由で自ら意向書を作成できない場合のものである。第一のモデルと同様に 2 部構成であるが、それぞれ記載事項が多い。第 1 部に関しては、本人に関する個人情報に加えて、作成不能な理由、代理で作成した者の身元に関する情報および 2 名の証人に関する情報を記載する欄が設けられている。第 2 部は第一のモデルと同じである。

　このようにして作成された終末期の意向書は、必ず、保健省の中に設置される国立監督評価委員会に登録しなければならない。登録後に、保健省から作成者に対して受領証が発行される。保健省は、作成者自身も登録した意向書と受領証の写しを保管し、入院時に主治医または受任者に預けることを推奨している。

　医師は、次の 3 つの要件が満たされている場合には、終末期の意向書の内容を考慮に入れなければならない[15]。すなわち、①意向書に記載されている状態および条件に適うと判断できる、②意向書が有効であり、国立監督評価委員会に登録されている、③患者の状態に関する実体的要件（事故または病理的原因による重篤かつ不治の疾患に罹患していること、患者の意識がないこと、当該状況が不可逆的であること）が満たされている、という 3 点である。なお、これらの事項がすべて確認できた場合であっても、医師は、自身の信条に反することを理由に安楽死の実施を拒否することができる（安楽死法 15 条）。ただし、その場合には、実施できない旨を患者本人または受任者に告げ、患者が指名する別の医師に書類を送付しなければならない。

3　国立監督評価委員会 (Commission Nationale de Contrôle et d'Evaluation)

　これまで述べたように、安楽死法では、安楽死や自殺幇助が実施されるまでの手続や要件について明確化することが目指されたが、同時に、その実施が適法に行われた否かを事後的に審査する制度を設けることも重視された。安楽死法は、この事後審査の役割を、新たに設ける国立監督評価委員会に

与えるとしている。

1) 機　能

　国立監督評価委員会は、医師から提出される実施報告書に基づき、安楽死法が定める形式的要件が満たされた中で安楽死や自殺帮助が実施されたか否かについて審査を行う（安楽死法 8 条）。疑義がある場合、同委員会は、当該医師にさらに追加の書類を提出するよう求め、それを加味した上で 2 ヶ月以内に決定を下す。

　仮に、違反が認められるとの決定が下された場合、当該決定は、その理由とともに医師本人に送付される。この後、医師に対して課される制裁としては 2 種類が考えられる。一方で、国立監督評価委員会が、安楽死法 2 条 2 項が定める手続を遵守していなかったと判断した場合は、事案は医師会に送られ、医師会が当該医師に対する懲戒手続をとるべきか否かを判断する。他方、同委員会が、安楽死法 2 条 1 項が定める要件が守られていなかったと判断した場合には、同委員会は書類を検察に送付し、検察が刑事訴追をすべき事案か否かを決定する。

　さらに、国立監督評価委員会には、こうした法定の要件の遵守の有無を審査する役割だけでなく、安楽死法の施行後 2 年毎に、実施状況について調査した結果を報告書としてまとめ、議会に提出すべき義務が課されている（安楽死法 9 条）。この規定に基づき、これまで、2011 年 3 月の第 1 次報告書[16]、2013 年 3 月の第 2 次報告書[17]、さらに直近では 2015 年 4 月に第 3 次報告書[18]が公表されている。これらの報告書には、安楽死や自殺帮助の実施件数、患者の性別や年代、実施場所、苦痛の種類などに関する統計的データ、それに基づく安楽死法の実施状況に関する評価、さらにその結果に基づいて出された勧告が記載されている。ルクセンブルクは小国であり、統計上の数字の規模は決して大きくないが、それを考慮した上でこれら 3 つの報告書で示されているデータを分析するなら、大よそ次のような傾向を読み取ることができる。

　安楽死法施行後から 2014 年までに実施された安楽死の総数は 34 件であ

るが、そのうち、終末期の意向書に基づくものは1件のみであり、基本的には、意識のある患者から書面で直接に要請された結果、医師が安楽死を行うケースが多いことがわかる。終末期の意向書は、予め国立監督評価委員会に登録されていないと効果を発揮しないから、まずは登録が増えることが先であり、それまでは、直接の意思表示による要請が中心となることが予想される。

　安楽死を要請するに至った原因の中でもっとも多いのは癌である。さらに2011年以降は、癌に加えて神経変性疾患の患者からも安楽死の要請が出されるようになっている。いずれのケースでも、肉体的および精神的苦痛を理由とするものであり、精神的苦痛のみを理由として安楽死が実施されたケースは見当たらない。安楽死法の規定により、いずれの苦痛であっても、永続的で耐え難く、緩和の望みがないと判断される必要があるが、これについて、国立監督評価委員会は、その判断は主観に基づかざるをえず、さらに患者の性格、受け止め方や価値観に左右されるから、実際には、医師が患者との複数回にわたって診察することでその判断が可能になると指摘している。

　安楽死の実施件数そのものは、ここ数年は、年間10件に満たない程度で推移している。これまでのところ、すべて医師が直接に薬剤を投与する形の安楽死のみが実施されており、自殺幇助が要請・実施されたケースはない。2013年および2014年に実施された計11件の安楽死ではすべて、チオペンタールを医師が静脈注射で投与し神経と筋肉を麻痺させたのちに心停止を引き起こす方法が採られている。

　最後に、終末期の意向書の登録数は増加の一途にある。報告書が調査の対象とする2年間ごとに、毎回600件から700件近くの登録が新たに行われており、第3次報告書が公表された時点での総登録数は1,948件（うち男性からの申請は779件、女性からの申請は1,169件）[19]となっている。なお、2013年1月1日から2014年12月31日の間に、フランス在住の12名から意向書の登録申請があったという。委員会は、これら12名の申請者全員に宛てて、ルクセンブルクの安楽死法に定められている要件について改めて知らせるとともに、フランスでは安楽死も自殺幇助も認められていない旨を文書で伝え

た。これら国外在住者の意向書も、本人から撤回の意思表示がない限り、ルクセンブルク国内では以後登録されたものとして扱われる。

2）　委員会による勧告

　直近に公表された第3次報告書をもとに、国立監督評価委員会から出された勧告のなかから、指摘されている主な課題に言及しておく。

　第一に、終末期の意向書に関する問題である。先述の通り、意向書は、予め国立監督評価委員会に登録されたものだけが有効であるとみなされる。しかし、患者が入院する際に、当該患者が意向書を登録しているか否かはすぐにはわからない。自ら登録のことを申告しない（あるいはできない）患者がいた場合、入院の都度、主治医または病院が、国立監督評価委員会に問い合わせるのは手続として煩雑であり現実的ではない。同委員会に登録された情報を必要時に迅速かつ正確に利用できるための方法が今後模索される必要がある。また、有効期間に関しては、登録者に対する意思確認の義務は国立監督評価委員会に課せられているものの、まずは、登録者の側から、登録後の終末期の意向書を定期的（5年ごと）に確認・更新するよう促している。

　第二に、医師が、自らの信条を理由として、患者からの安楽死の要請を拒んだ場合の問題である。前述の通り、たとえ安楽死法2条が定める要件がすべて満たされていたとしても、同法15条の規定に基づき、医師に対しては、安楽死や自殺幇助を行うべき「義務」は課されない。この場合、医師は拒絶の理由を24時間以内に当該患者および（または）受任者に伝え、これらの者の要請がある場合には、「患者または受任者によって指名された」別の医師に対して、診療録を送る義務が課される。ここで問題となるのが、あらたに安楽死の実施を受け入れうる他の医師を探すのは、患者本人または受任者に任せられるという点である。安楽死を要請する患者は、現実には、回復不能な重篤な状況にある。そのような状態で、自ら望む形での安楽死の実施を受け入れてくれる他の医師を探さなければならないのは、患者にとって過大な負担である。また、重篤な状態になってから新たな医師の診察を受けても、その医師との間に、有効な治療上の信頼関係が構築できるとは考え難

い。国立監督評価委員会によれば、実際に、この問題によって安楽死の実施が阻まれたケースがあるという。そのため、同委員会は、安楽死に対する自らの姿勢について、主治医は早い段階から患者に伝えておくべきであると提言している。それにより、患者は、主治医とは別の、安楽死の実施を受け入れる医師のもとで、あらかじめ定期的に診察を受けることが可能になるからである。

　第三に、2014 年 7 月 24 日の患者の権利及び義務に関する法律[20]（以下、患者の権利法とする）との整合性の問題が指摘されている。患者の権利法 12 条 5 項は、患者からの明白な拒否の意思表示がない限り、同法の規定に基づき指名された受任者は、そのことをもって 2009 年の緩和ケア法に基づき受任者に指名されたものとみなされる旨を定めている。しかし、患者の権利法は、安楽死法に従って指名される受任者との関係について一切言及していない。このため、国立監督評価委員会は、患者の権利法の中に、安楽死法の枠組みで指名された受任者の役割も組み込むことで、両者の関係を明示すべきであると勧告している。

　このように、国立監督評価委員会は、現状の分析から導き出されるいくつかの課題について再検討すべきである旨は指摘しているものの、2009 年の安楽死法には、直ちに改正すべきであるとするほどの問題点はなく、当面、議会での改正作業は不要であると結論づけている。

4　むすびにかえて

　ルクセンブルクで、緩和ケア法と安楽死法が施行されてから 7 年が経とうとしている。先述の通り、安楽死法に関しては、この間に 3 回の報告書が国立監督評価委員会から公表された。法律が実施された直後は、安楽死の実施件数も少なく、有用なデータも得られなかったことから、第 1 次および第 2 次報告書では、具体的な課題は殆ど指摘されていなかった。しかし、第 3 次報告書でようやく、意向書の確認方法、医師の信条による安楽死実施の拒否、患者の権利法との両立性、国外に居住する外国籍の者による意向書

の登録の問題など、安楽死法が実際に適用されたことによって、現実に生じている問題や課題が明らかにされた。現段階で国立監督評価委員会は、法改正をともなうほどの問題ではないと結論づけてはいるものの、これらの指摘された問題が運用では解決できない状況まで発展すれば、新たな法的対応も必要になる。安楽死法が、国立監督評価委員会に定期的な報告書の提出を義務付けているのも、成立した法律がすべての問題を解決できるわけではなく、適用状況に応じて、立法者が柔軟な対応をすべきであることを想定しているためである。

　折しも、隣国のフランスでは、延命治療の中止・差し控えに関わる 2005 年法（通称 Leonetti 法）[21] の改正問題で議会が揺れている。とりわけ、患者が治療の制限・中止に関わる意思を予め記載する事前指示書（directive anticipée）により強い法的拘束力を付与するとともに、患者に持続的な深い鎮静（sédation profonde et continue）を求める権利を認めるとする提案に対して、上下院で見解が分かれ、激しい議論が続いている[22]。フランスでは、改正法案の提出者が指摘するように、患者が「尊厳を維持しつつ自らの生に終止符を打つために医療の援助を得られる」[23] 機会をさらに拡大すべきであるとする主張が支持を得る一方で、安楽死の合法化につながるような措置には絶対的に反対する意見も根強く存在する。他方、ルクセンブルクにとって、もう一方の隣国であるベルギーでは、2014 年に安楽死法が改正され、安楽死の実施範囲が、未成年者にまで拡大された。ルクセンブルクは、一方で、安楽死とそれ以外の「死」の間の境界線をいかに引くかで悩むフランスと、他方で、安楽死をどこまで広げるかを追求するベルギーという、2 つの異なる方向性を探る国の間に挟まれ、特殊な状況におかれていると言える。緩和ケア法や安楽死法のみならず、ルクセンブルクは、これまでも、常にフランスとベルギーの立法状況や判例の動向を分析し、立法化の過程でそれを反映させてきた。患者の死に関わる決定権の保障を強めようとする動きが顕在化するなかで、終末期医療に関わるルクセンブルクの立法が、今後どのように適用・運用され、場合によっては改正されるかという点は、特に比較法的見地から引き続き注視すべき論点であると考えられる。

〔付記〕　本稿の校正中に、フランスで、事前指示書に一定の法的拘束力を認め、患者に「持続的な深い鎮静を受ける権利」を付与するなど、終末期医療における新たな枠組みを整備する新法（「病者および終末期にある者のための新たな権利を創設する 2016 年 2 月 2 日の法律第 2016-87 号」）が成立した。

〔謝辞〕　本稿は、科研費補助金（基盤研究 B）（2011 年年度〜 2013 年度、研究課題番号：23320001、研究代表者：盛永審一郎、および 2014 年度〜 2016 年度、研究課題番号：26284006、研究代表者：小出泰士）を受けて行われた研究の成果の一部である。

注

1　Loi du 16 mars 2009 relative aux soins palliatifs, à la directive anticipée et à l'accompagnement en fin de vie et modifiant: 1. le Code de la sécurité sociale; 2. la loi modifiée du 16 avril 1979 fixant le statut général des fonctionnaires de l'Etat; 3. la loi modifiée du 24 décembre 1985 fixant le statut général des fonctionnaires communaux; 4. le Code du travail, Mémorial A n° 46 du 16 mars 2009, p.610.　和訳については、本書の後掲資料参照のこと。

2　Loi du 16 mars 2009 sur l'euthanasie et l'assistance au suicide, Mémorial A n° 46 du 16 mars 2009, p.615.　和訳については、本書の後掲資料参照のこと。

3　紙幅の都合上、ルクセンブルクの終末期関連法について本章で紹介できる内容は限られる。本章にて言及できなかった詳細については、小林真紀「ルクセンブルクにおける終末期医療に関する法的枠組みの検討 (1)・(2) ―2009 年緩和ケア法および安楽死法の分析から―」愛知大学法学部法経論集、202 号（2015 年）、pp.17-38 および同 205 号（2016 年）、pp.53-84 参照のこと。

4　ルクセンブルクは一院制を採っており、法案はすべて国民議会のみで審議される。ただし、法案に対しては、国務院（Conseil d'Etat）が独立した立場から意見（答申）（Avis）を述べる。議会は、この国務院から出された意見を受けて審議を継続し、最終的に採決へと至る。ルクセンブルク憲法 59 条により、法案は、議会にて、原則として二度の投票に付される必要がある。但し、議会は、国務院に対して第 2 回投票の免除を要請できる。この要請について国務院が賛成の意思を表明した場合には二度目の投票は免れるが、反対意見を出した場合には免除されない（議院規則 44 条〜 48 条）。現実には、例外であるこの免除規定が適用された結果、2 回目の投票は省略されることのほうが多いが、安楽死法の際には、免除が認められず、再審議となった。法案は、議会で可決されると大公による親署に付されるが（憲法 34 条）、安楽死法については大公がこれを拒否したため、法律が施行できないという憲法史上初めての危機が生じた。最終的には、憲法 34 条の改正により、大公の拒否権に関わる規定が削除されたため、安楽死法は公布・施行されるに至った。

5　No.4909, Proposition de loi sur le droit de mourir en dignité（Dépôt : le 5.2.2002）; No.5584, Projet de loi relatif aux soins palliatifs, à la directive anticipée et à l'accompagnement en fin de vie et modifiant: 1. le Code des assurances sociales ; 2. la loi modifiée du 29 avril 1983 concernant l'exercice des professions de médecin, de médecin-dentiste et de médecin vétérinaire ; 3. la loi modifiée du 16 avril 1979 fixant le statut général des fonctionnaires de l'Etat ; 4. la loi modifiée du 24 décembre 1985 fixant le statut général des fonctionnaires communaux (Dépôt: le 7.6.2006)

6　Loi du 28 août 1998 sur les établissements hospitaliers, Mémorial A n°78 du 18 septembre 1998, p.1546.

7　ほかにも、医療機関法 40 条の文言に従うと、たとえ生命維持に必要な治療であっても、本人の意思次第でその治療を拒否できることになってしまい、感染症対策や未成年者の治療という視点から、別規定をおく必要性が指摘されていた。

8　Avis 1/1998 de la Commission Consultative Nationale d'Ethique pour les Sciences de la Vie et de la Santé, «L'aide au suicide et l'euthanasie»,
　　http://www.cne.public.lu/publications/avis/1998_1.pdf

9　Ministère de la Santé, Ministère de la Famille et de l'Intégration et Ministère de la Sécurité sociale, « Guide des soins palliatifs », p.14,
　　http://www.sante.public.lu/fr/publications/g/guide-soins-palliatifs-fr-de-pt/guide-soins-palliatifs-fr.pdf 。これは保健省、家族と社会統合省および社会保障省が共同で発行した、緩和ケア法に関する一般市民向けのガイドブックである。

10　保健省、家族と社会統合省および社会保障省のガイドブックでは、事前指示書に書くべき内容や保管方法の詳細については、Omega 90 が公表している情報を参考にするよう推奨されている。Omega 90 (Association luxembourgeoise de soins palliatifs et d'accompagnement de personnes en fin de vie et en deuil：緩和ケア、終末期にある患者および死者の付添いのためのルクセンブルク協会）
　　http://www.omega90.lu/resources/pdf/directive_anticipee/Directive_anticipee_2013.pdf

11　ここで紹介する要件の詳細や補足は、保健省および社会保障省が共同で発行した、安楽死法に関する質問集に基づく。Ministère de la Santé, Ministère de la sécurité sociale, « L'euthanasie et l'assistance au suicide, Loi du 16 mars 2009, 25 questions 25 réponses »,
　　http://www.sante.public.lu/publications/sante-fil-vie/fin-vie/euthanasie-assistance-suicide-25-questions-reponses/euthanasie-assistance-suicide-25-questions-reponses-fr.pdf, p.10 et s.

12　但し、この場合に認められる「良心の自由」は個人個人の自由に属するものであって、組織の自由ではないと解される。したがって、この自由を援用して、医療施設、介護施設などが、施設内で医師が安楽死や自殺幇助を実施することを拒むことは認められない。cf. Ministère de la Santé, Ministère de la sécurité sociale, précité note 11, p.30.

13　但し、国立監督評価委員会による意思確認に対して、登録者が返答しなかった場合も、そのことをもって終末期の意向書が自動的に無効になるわけではないことが、後述の第 3 次報告書の中で述べられている。

14　« Modèle de dispositions de fin de vie », Ministère de la Santé, Ministère de la sécurité sociale, précité note 11, p.45 et s.　このモデルとして掲載されている終末期の意向書の書式（和訳）については、本書の後掲資料参照のこと。

15　Ministère de la Santé, Ministère de la sécurité sociale, précité note 11, p.23.

16　Commission Nationale de Contrôle et d'Evaluation, « Premier rapport à l'attention de la Chambre des Députés（Années 2009 et 2010）», mars 2011,
　　http://www.sante.public.lu/publications/sante-fil-vie/fin-vie/premier-rapport-loi-16-mars-

2009-euthanasie-suicide/premier-rapport-loi-16-mars-2009-euthanasie-suicide.pdf

17　Commission Nationale de Contrôle et d'Evaluation, « Deuxième rapport à l'attention de la Chambre des Députés (Années 2011 et 2012) », mars 2013,
　　http://www.sante.public.lu/publications/sante-fil-vie/fin-vie/deuxieme-rapport-loi-16-mars-2009-euthanasie-suicide/deuxieme-rapport-loi-16-mars-2009-euthanasie-suicide.pdf

18　Commission Nationale de Contrôle et d'Evaluation, « Troisième rapport de la loi du 16 mars 2009 sur l'euthanasie et l'assistance au suicide (années 2013 et 2014) », avril 2015,
　　http://www.sante.public.lu/publications/sante-fil-vie/fin-vie/rapport-loi-euthanasie-2013-2014/rapport-loi-euthanasie-2013-2014.pdf

19　この数字は、ルクセンブルクの総人口（562,958 人（2015 年））の約 0.3％に当たる。（ルクセンブルク法では成年は 18 歳であるが、統計局のデータ上、18 歳〜 20 歳の人口が不明であるため）意向書の登録が認められる 20 歳以上の成年人口（436,662 人）をもとに計算すると、0.4％が終末期の意向書を登録していることになる。統計局のデータについては、http://www.statistiques.public.lu/fr/index.html 参照。

20　Loi du 24 juillet 2014 relative aux droits et obligations du patient, portant création d'un service national d'information et de médiation dans le domaine de la santé et modifiant: - la loi modifiée du 28 août 1998 sur les établissements hospitaliers; - la loi modifiée du 2 août 2002 relative à la protection des personnes à l'égard du traitement des données à caractère personnel; - le Code civil, Mémorial A n° 140 du 31 juillet 2014, p.2194.

21　Loi n° 2005-370 du 22 avril 2005 relative aux droits des malades et à la fin de vie, JORF (journal officiel de la République Française), n°95 du 23 avril 2005, p.7089.

22　Proposition de loi n°2512 créant de nouveaux droits en faveur des malades et des personnes en fin de vie, (Renvoyée à la commission des affaires sociales, à défaut de constitution d'une commission spéciale dans les délais prévus par les articles 30 et 31 du Règlement.) présentée par MM. Alain CLAEYS et Jean LEONETTI, et enregistré à la Présidence de l'Assemblée nationale le 21 janvier 2015,
　　http://www.assemblee-nationale.fr/14/propositions/pion2512.asp

23　このことは、オランド現大統領が、2012 年の大統領選挙に出馬した際に表明した公約に掲げられている。Cf. François Hollande, «Le changement c'est maintenant, Mes 60 engagements pour la France, Election Présidentielle 22 avril 2012»,
　　http://www.parti-socialiste.fr/static/14423/les-60-engagements-pour-la-france-de-francois-hollande.pdf, p.18.

4 ベネルクス3国の安楽死法
―― 比較と課題

盛永審一郎

1 ベネルクス3国の安楽死法の比較

2002年4月1日にオランダ、同年9月23日にベルギー、そして2009年4月1日にルクセンブルクが「安楽死法」を施行した。ベネルクス3国の安楽死法を内容と運用の観点で比較検討した。(詳細は、比較表参照)。

1 成立への経緯

オランダ　30年の間、安楽死の実践を律してきた手順と規範を成文化するもの。これらの規範と手順は医師の専門職能集団の中で大部分形作られ、医療専門職の側から司法・立法への働きかけで法が成立。1865年医薬業務法、1869年遺体処理法、1881年刑法(安楽死12年の拘禁刑)、1990年安楽死報告届け出制(法務省とオランダ医師会の合意)、1994年医療契約法、そして2002年生命終結と介助自殺(安楽死法)成立。

ベルギー　ベルギーの刑法は要請に基づいて患者の生を終結することを犯罪とはみなさず、最近まで訴追されなかった[1]。致死薬を処方する伝統があることを否定する人はいない[2]。80年代、90年代には安楽死法案が出されたが、キリスト教民主同盟の反対で否決された。法の成立前後に、いかな

る判決もないし、また医療専門職によるガイドラインもなかった。医師はしばしば患者の意思を問うことを忘れた。患者の生を終わらせる際の医師の行為を修正するために法案が議決された。立法の際に、医師の参加なしに、政治家が政治的決断で法律を作った。（詳細は本編2を参照）

　ルクセンブルク　70年代から論争、1989年に、安楽死と死の援助をめぐる社会的な葛藤が二つの団体の設立において明らかとなった。「尊厳死の権利連合」は人間の尊厳を持った死の権利とおのれの死に関して自己決定権を擁護した。結社「オメガ90」は医師の職業組合の支持を得て緩和医療の強化を支持し、死の援助の犯罪性を取り除くことに対して強く留保を表明した。緩和ケア法と安楽死法の両立により、終末期の生の質の向上を図った。（詳細は本編3を参照）

2　3国の法の内容

1）　共通点

①　安楽死の定義。患者の要請に基づいて、患者の生を意図的に終結させること。

②　「厳密な要件」と「コントロールと評価の手続き」がある。安楽死は、医師が法において言及されたすべての基準を満たしていなければ禁止されている。この基準は審査委員会へケースを報告する義務も含んでいる。委員会はケースを分析し評価する。オランダは5つの地域審査委員会、ベルギー、ルクセンブルクは一つの全国委員会。

③　患者の要請は、自発的voluntaryで十分に思惟されているwell-considered、堪えられない苦痛unbearable sufferingがあることに基づいている。別の独立した医師が確認。

④　これらの国では医療専門職能団体は、医師が安楽死について決定し、それを実施する際に医師を支援する責任があると感じていたため、助言に対するフォーマルな訓練システムを設けてきた。たとえば、オランダでは、そのシステムはSCENとして呼ばれ、ベルギーではLEIFと呼ばれている。

2) 相違点
① オランダ法は、現行の慣行、すなわち患者の要請に基づいて患者の生命を医師が終結させることを法典化することを目指している。ベルギー法は医師が侵さない犯罪が何であるかを明確にしていない。医師が患者の生を終えるときの医師の行動を修正すること、すなわち患者の意思を確認することを主として目指している。ルクセンブルクは法律に従う場合の医師の犯罪性を取り除く条件を示した法である。

② オランダ安楽死法では、患者の要請に基づく医師の生命終結の行為が、相当の注意を遵守していれば免責されることになるが、それは、違法性が阻却されるというより、責任が免除されるというもの[3]。だから、患者が要請したからといって、医師は、安楽死を行う義務はない。その結果、登場したのが、「安楽死クリニック」[4]である。一方ベルギーとルクセンブルクは患者の自己決定権に基づいて、要請に従う医師の行為の正当化と言える。「ベルギーの安楽死法は、自律と無加害、ないし当該患者の幸福の医学原則に基づいている」[5]。それに従うと、子供、精神病患者、たとえばうつ病のような同意能力のない患者は医師によって殺すことから除外される。ベルギーは患者の権利法が同年に成立している。

③ 注意すべき要件の内容で、オランダには「不治の病 incurable disorder」という言葉がない。その理由は「どれを不治の病と決めることはできない」[6]。

④ オランダでは、患者の苦痛は耐えがたいもので改善の余地がないものとされている。「その苦痛は、身体的なものでも精神的なものでもよいが、特定の医学的症状または疾患の結果でなければならない。したがって、医学的な基礎疾患を患っていないのに生きるのに疲れたということは、安楽死を実施する法律上許容された理由ではない」[7]。一方、ベルギーやルクセンブルクでは、病気あるいは事故の結果としての身体的あるいは精神的苦痛ないし苦悩で、堪えがたく不変のものとなっている。特にベルギーでは末期疾患でない場合でも可能である[8]。ただし、少なくと

も要請と安楽死の間に一ヶ月間、間を置くこと。第三者の医師や、精神科医に相談すること。オランダは終末期であることは明記されていない。
⑤ 介助自殺（自殺幇助）の規定。オランダは、刑法で自殺幇助を禁止しているので、自殺幇助も規定。ルクセンブルクも。一方ベルギーは自殺幇助を法で明確に禁止していないため、自殺幇助には適用されない。
⑥ 緩和ケア法の有無。オランダでは緩和ケアは通常の医療なので、オランダ王立医師会の指針で規制。ベルギーは緩和ケア法を 2002 年 6 月 14 日に公布。ルクセンブルクは、緩和ケア法を 3 月 16 日同時に公布、というよりむしろ緩和ケア法の制定過程において安楽死法が同時に制定された（本編 3 参照）。
⑦ 安楽死の年齢。オランダは 12 歳以上に認めた。ただし、12-16 歳は患者の要請と親または保護者の承諾。16-18 歳は患者の要請のみ。一方ベルギーは成人である 18 歳以上の患者及び結婚し親権から解放された未成年としたが、2013 年 12 月 13 日の修正法で判断能力のある未成年にも適応を可能とした。
⑧ 事前指示書。オランダの法律には、独立した項目として明記されていないし、文書化されたものはなく、「安楽死を Dr. ○○に依頼する」という内容の文章を自分の言葉で書き、日付、サインを入れればそれで良い[9]。しかし、地域の審査委員会に医師が提出するレポートには書式のモデルがある[10]。ベルギー、ルクセンブルクの法には、事前指示書に関する項目があり、書式のひな型もある[11]。指示書の有効年数は 5 年となっている。

3　安楽死法の運用に関して

1）類似点
① 毎年安楽死の件数は増えているが、実施においては「すべり坂」の仮説を支持する兆しを示すものはない。医師－患者関係は信頼があり、透明性が手順において担保されているからである。
② 緩和ケアと安楽死は、相互に排他的なものではなくて、良き生の終結

の不可欠の要素である。
③　安楽死は比較的若い患者でがんの患者によって、生を終える最後の手段としてしばしば選択されている。安楽死に占める癌患者の割合、オランダ73％、ベルギー69％、ルクセンブルク79％。

2）　相違点
①　オランダでは安楽死を行うのは家庭医（信頼関係ができている）が92％であるのに対し、ベルギーは病院の専門医が37％と多く、家庭医は52％。ルクセンブルクは家庭医21％、専門医79％。その理由は、オランダでは家庭医制度が基盤をなしていること、「ベルギーでは医療者が患者と非常に親密で長い信頼に基づいた関係を築きやすい状況となっている」[12]ことが指摘されている。
②　オランダでは医療スタッフに相談せずに医師が一人で決めるケースが増えている。ベルギーでは医療スタッフに相談し、医療スタッフも医師を信頼している。また緩和ケアチームへの相談も多い。法律にも看護チームへの相談、親族への相談の項目がある。ルクセンブルクも「看護チームへの相談」、「患者が選んだ人との相談、合意」が条文化されている。
③　調査の仕方が異なる。オランダは1990年に政府がレメリンク委員会（Remmelink Commission）を設置し、オランダにおける医師による生命終結の実施の頻度と主な特徴に関する調査を委託した。最初の全国調査の後、類似の調査が1995年、2001年、2005年に行われた。5度目の調査が2010年に実施された。ベルギーは研究者ベースで調査委員会を立ち上げ、弁護士事務所に協力してもらい医師の匿名を担保して調査を行うシステムを立ち上げた[13]。

2　「尊厳死・セデーション」と「安楽死」の比較
―― 医療上の生命終結の決定

医療上の生命終結の決定には3つのタイプがある。

① 生を維持する可能性がある治療、たとえば、人工換気、栄養チューブ、血液透析、心肺蘇生を差し控えたり、取り外す決定。いわゆる尊厳死[14]。
② 苦痛や他の症状を緩和する決定、たとえば、オピオイド、ベンゾジアセピン、バルビツール酸塩などを多量に投与し、起こりうるあるいは確実な副作用として死を十分に早める。いわゆる緩和医療死。
③ 安楽死、あるいは医師による自殺幇助を遂行する決定、すなわち患者の明白な願いで致死薬を投与、処方、供給する決定。

現在、③の安楽死を許容する安楽死法を持つのは、オランダ、ベルギー、ルクセンブルクのベネルクス3国だけである。患者の生命終結の要請にしたがい、致死薬の処方を認めるのは、アメリカのオレゴン・ワシントン・バーモント・モンタナの各州である。またカナダのケベック州で介助自殺を認める終末期ケア法が2014年6月に成立している[15]が、ほかの多くの国は、治療のさし控え・中止としての尊厳死や、積極的に治療せずに苦痛を和らげる緩和医療は認めるとしても、安楽死や介助自殺は認めていない。尊厳死や緩和医療と安楽死との間には、前者が「死なせる」ことであるのに対し、後者は「殺すこと」という絶対的な相違があると考えられているからである。

オランダで安楽死が認められた背景には、オランダではホスピスの数が少ないことから明らかなように、緩和医療が進んでいないからだ、という見方がある。しかし、そうではないとデルデン氏は言う。「オランダは、緩和医療が欠如していると推測されてしばしば非難される。例えば、オランダにおいてホスピスが比較的少ないことは、しばしば緩和医療を無視している証拠として解釈されている。異なる方向を示す別の指標がある。オランダでは、終末期医療及び緩和医療も完全にカバーする良質なヘルスケアに、概してアクセスしやすい。確かに我々の緩和医療システムはホスピスに依存してはいないが、家庭、老人ホーム、病院における良質な緩和医療が存在する。自宅で死亡するがん患者の65％のケアをしている7,800人の一般医が相談することができる緩和相談チームが設立されている」[16]。

そしてデルデン氏は次のように続けている。「第一の方法は、生命の尊重

表1 NTD（治療の中止・差し控え）、CDS（セデーション）、APS（緩和医療）の推移・オランダ

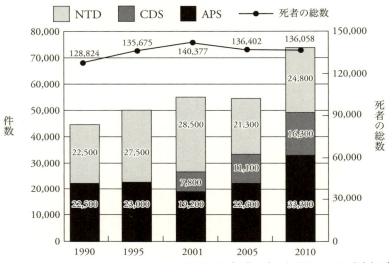

ZonMw, *Sterfgevallenonderzoek 2010*, june, 2012 をもとに作成

の原則によって禁じられているという理由から、安楽死を拒絶することだ。この見解の支持者は、しばしば安楽死は全く必要ではないとも主張する。安楽死を求める人間への誠実な配慮によって、「質問の陰に隠された質問」は死の要請以外の何かであることが明らかになるだろうし、良質な緩和医療によって、極度の苦しみは報われないままではなくなるだろう。この見解においては安楽死と緩和医療は両立せず、より良質な緩和医療の結果として安楽死はより少なくなるだろう」[17]。しかし、オランダでは、現実には安楽死の数は増えている。たしかに安楽死法が成立した当初医師たちは、安楽死に手を貸すのをやめて、緩和医療、特にセデーション（緩和的鎮静）へと向かった。しかしそれは、緩和医療に積極的価値を認めたからというのではなかった。安楽死法の成立により、安楽死を施行する際には煩雑な記録の作成が必要とされたのに対し、オランダでは緩和医療は通常の医療の範疇であり、記録をとる必要もなければ、たとえ緩和医療の結果として患者が死を早められたとしても訴追される恐れはなかったからである。だから、法成立後、

セデーションの数が圧倒的に増えた（全死亡者数の 2001 年 5.6％から 2005 年 8.2％、2010 年 12％に。表 1 参照）。だが、安楽死法が成立して数年経つと、医師たちは、安楽死の手順にも慣れてきた。だから安楽死の数も年とともに増加し、法制定前の数を超えた。なぜだろうか。デルデン氏は以下のように言う。「これらの 2 つの回答の相違は、まず〈治療しがたい極度の苦痛は存在するか？〉という問いへの答えにあると思われる。しかしながら、緩和医療の専門家さえもが、あいにく、これは真実だと言うだろう。それゆえに、本当の相違は、特別な状況における別の斟酌が生命の尊重の原則よりも優先することを許容するか否かであろう」[18]。どうしても苦痛を取り去ることのできない患者が 10％ほどいるという事実である。

さらに加えて以下のような指摘がある。「最近では痛み緩和の為の催眠鎮静の末に、眠ったまま食事や水分を与えられずに、そのまま死ぬというケースが増えてきており、安楽死の必要性があるのかという疑問がもちあがっている。この二つの目的は一緒であるが、緩和的鎮静は死ぬ 1 週間前に行われることが多く、安楽死の場合は疾患の発症後間もなく、患者が尊厳と自律性の喪失を感じている場合がほとんどである。また人によっては死ぬ瞬間を大事に思ったり、眠っている間に死ぬ方が良いと思ったり好みがある。しかし、緩和的鎮静はまだまだ発展段階で具体的にいつ行うべきかなどの基準がまだ定まっていないため現段階では完璧な安楽死の代用とすることは困難である」[19]。その結果、「持続的な深い緩和的鎮静（セデーション）は、ゆっくりした安楽死か、あるいは安楽死とは明確に区別される緩和的介入であるのか」[20] と問われることになる。さらにオランダでは、セデーションに入るときに経管栄養などのチューブを抜き去る（表 2 参照）。これについて、オランダ王立医師会のヴァイリックは次のように答える。「経管栄養は人工的な栄養補給であり、末期患者に対してはむしろ有害（むくみの原因等）で苦痛を加え死期を延期する行為と考える。また患者は治療を拒否する権利を持っており、医師は患者の権利を尊重するべきである」[21]。

オランダでは比較的若い癌の末期患者が安楽死を選ぶ傾向がある。それに対し緩和的鎮静で死を迎えるのは癌患者だけでなく、慢性閉塞性肺疾患

表2　セデーションの頻度（ヨーロッパ4ヶ国調査）

	ベルギー	オランダ	イタリー	スイス
回答率%	59	75	44	67
調査対象の死総数	2,950	5,384	2,604	3,355
CDS with ANH（A）	120（5.0）	89（2.0）	191（5.5）	64（1.9）
CDS wituout ANH（B）	118（3.2）	247（3.7）	123（3.0）	96（2.9）
総計	238（8.2）	336（5.7）	314（8.5）	160（4.8）
A/B（割合）	0.39	0.64	0.35	0.60

（　）ないは、対象となった死の総数に対する CDS の頻度
オランダの数は Deep Sedation だけ。
CDS without ANH は、栄養チューブを抜き去ることと装着しないことの両方を含む。
（Luc Deliens et al.: *End-of- Life Care in Six Europian Countries*, Journal of Pain and Symptom Managemnt, Lancet 2006; 31: 11-121 から抜粋）

患者であり、比較的高齢の傾向がある[22]。このように、オランダでは、安楽死とセデーションは対立するというより、「棲み分けができている」し、ベルギーでは「緩和ケアで培われた医師 - 患者間の信頼関係に基づいて、安楽死が実施されている」。ルクセンブルクでは「緩和ケアと安楽死・自殺幇助が対立するものとしてはとらえられていない」、「補足し合う」として、評価委員のブラウムは指摘している。「緩和ケアと安楽死は相互に排斥し合う行為であるとは理解されていない」、「もうひとつは、〔ルクセンブルクの〕立法者がドイツ流の積極的臨死介助と消極的臨死介助の区別を重要視していない、という点である。他者の明示的な任意の要請に基づいて行われる、その者の生命を終結させる行為の意図的な不作為も、1条の定義に該当する」、と[23]。

ベルギーのデリエンスは以下のように述べている。「医師は、全事件の実質的な件数において、補助医または緩和ケアチームとの関係を有していた。このことは、以下のことを示しているといえよう。すなわち、彼らは、緩和ケアについて助言を行うための専門家の重要性を承知しており、生命終結を要請する患者に対して緩和ケアの有効な選択肢を呈示し、それはしばしば緩和ケアと安楽死がベルギーの介護者による相互排他的な二者間の選択肢と見なされるのではなく、むしろすぐれた生命終結ケアにとって不可欠の要素と見なされるという調査結果と調和する、ということである。補助的な

診察を説明するためのもうひとつの要素としては、ベルギーの病院の大多数が、一定の緩和ケア手続を遵守した場合にのみ安楽死を許容し、それらを遵守することに加え、さらに法による要請を行っている、ということである」[24]。そして「緩和ケアと安楽死は、お互いに対立する、あるいはお互いを排除するようなものではなく、お互いを相補的なものとして捉える見方が出てきたのだといえる」と言う[25]。

　一方、世界の多くの国では、治療の差し控えや中止の尊厳死は許容してもよいが、安楽死は許容できないとか、苦痛を取り去ることを意図する緩和医療と死を意図する安楽死は区別しなければならないという考えが根強くあることも確かである。日本では現在尊厳死法案が国会に上程されようとしているが、その論拠もそうである。これらの議論は、作為と不作為、意図と予見を区別して次のように主張する。安楽死は殺すことであり、作為であり、尊厳死は死なせることであり、不作為である故に、両者の行為は倫理的に相違している。また、安楽死は意図的に死をもたらすが、緩和医療は、患者の苦痛を取り去り患者のQOLを高めて、家族とともに過ごすことを意図して行われるのであり、結果としてそれが死をもたらし、死を早めたりし、それが予見されるとしても、それは意図的でない故に、この両者も相違しているという見方がある。

　これに対してクーゼは、このような区別する見方を「死を引き起こすという作為と死ぬにまかせるという不作為の区別や、意図と予見の区別は、学問的にはいくらでも細分化していくことができるだろう」と一蹴して、次のようにいう。「着眼点を変えれば問題は解決される。判断能力のある患者の場合には、意図／予見の区別を放棄し、患者の同意を重視するのである。その結果、「医師がある行為を行った時、何を意図していたか」や「患者の予見された死は、どのようにして、いかなる方法で起きたのか」などは、重要な問題ではなくなる。代わって「これは患者が望んでいる死に方か？」「これは患者自身の考えに沿った尊厳ある死と言えるか？」、そして「患者は同意していたのか？」という問題が重要になってくるだろう」[26]。

　果たしてこれらの行為の間には一方を許容し、他方を禁止する絶対的な相

違があるのだろうか。生命の価値とは絶対的で不可侵であり、「自律的な個人自身によってすら廃棄しえない」価値であるとするなら、このことは、死なせることや緩和医療に対しても妥当するはずである。それにもかかわらず、どうして尊厳死や緩和医療が許容されるのか。なぜなら「意図的に殺すことと（＝安楽死）と、死なせること（＝治療の中止・尊厳死）あるいはただ受容された患者の死（＝緩和医療の結果としての死）との間には、「作為と不作為」、「意図と予見」という絶対的な倫理的相違があるからとしている。これに対して、「積極的安楽死と消極的安楽死との区別は一般的倫理的区別を際立たせることはできないこと、行為あるいは行為結果についての意図の観点と結果の甘受の観点との区別は絶対的な倫理的相違を基礎付けることはできない」[27]と功利主義者のクーゼや人格の社会的生としての人格個性Persönlichkeit[28]の概念を展開するクヴァンテは主張する。そこで、彼らの説を紹介しながら、尊厳死・緩和医療と安楽死との間には倫理的相違はないということを論証する。

1　作為と不作為

クーゼは「治療を見合わせた事例の多くで、医療従事者は患者の死が予見される行為を何ら問題視することなく行っている。医師の行為と患者の死との因果関係を考えたとしても、両者［作為と不作為］を区別するための役には立たない。医師が治療をやめたことが原因となって患者の死が引き起こされることは、致死薬の注射によって死を引き起こされるのと同程度に確実なことなのである。医師が患者の死を早めるような緩和治療を行ったり、水分と栄養の補給を控えたり中止したりする時、患者は疾患のために死亡したと言いたがる人たちもいる。しかし……この主張は成り立たない。このような場合でも、死亡原因は明らかに医師の作為もしくは不作為であって、疾患が原因ではない」[29]という。

クヴァンテも「作為と不作為に相違はない。不作為も因果的に作用する」として以下のように論証している。「作為には因果的作用を認めるが、不作為には認めないという分かりやすい試みは挫折せざるをえない。不作為に

よって準備された結果の欠如は、時間的により遅い出来事 x に対する因果的に重要な随伴条件であるだろう。私は浴室内の暖房を入れなかった（=u）。なぜなら、私は浴室は十分に暖かいと見なしたからである。暖められなかった浴室（=f）は、私が後に浴室で風邪を引く（=x）ことにとって因果的に重要な随伴条件の１つである。この例が示すのは、不作為も空間−時間的出来事であり、因果的に重要だということである。（作為と不作為との）相違はせいぜい、結果が起こる蓋然性に関して生じているにすぎない」[30]。確かに、「風邪をひいた」ことの原因は「寒さ」であるとしても、その「寒さ」は暖房を入れることにより防ぐことができたのだから、不作為も「風邪をひいた」ことの重要な条件なのである。

2　意図と予見

　クーゼは、さらに「作為／不作為」の相違は、「意図」と「予見」の相違に基づいていると指摘する。「殺すことと死ぬにまかせることを区別すべきだと主張する人たちは、必ずしも……作為／不作為や直接的な因果関係といった観点にこだわっているわけではないことにも、私たちは注意しなければならない。生命を終わらせる決定のなかで許されるものと許されないものを区別するにあたって、作為であっても不作為であっても許されるものがあると考えるのが、むしろ一般的なのである。つまり、過剰な医療の中止といった「不作為」であっても、患者の死を早める可能性があることを知りながら痛みや症状を緩和する治療を行うという「作為」であっても、どちらも道徳的に許されると考える人が多いのである。このような主張の元にあるのは、死を引き起こすような特定の行為を「行うこと」が間違っているのではなく、死を「意図する」ことが間違っているという考え方である。バチカンにおける「安楽死に関する宣言」にあるように、生命を終わらせる決定のなかで許されないもの（「慈悲殺」）とは、「作為・不作為に関わらず、すすんで死を引き起こすもの、あるいは意図して死を引きおこすもの」なのである」[31]。

　クヴァンテはこの点をもう少し明確に論証している。「作為と不作為との区別が、「因果的に重要である」ことと「因果的に重要でない」こととの相

違によって把握されるならば、問いは、この相違の意味はそもそもなにであるのかということである。なぜ不作為がこのようなものになるのか。救護がないまま側溝に横たわっている事故の犠牲者の傍らを私が自動車で通り過ぎるとき、このことが自動的に不作為であるというのではない。詳細のすべては、私が事故の犠牲者に気がついたかどうかに依存している。……すなわち、ある行為が不作為であるのはまさにつぎのときである。つまり、ある行為が、ある特定の行為のタイプHをこの状況で遂行しない意図で引き起こされた場合、あるいは、このやり方で行為のタイプHはこの状況で遂行されない（また場合によっては将来この状況ではもはや遂行されえない）ということを知りつつ遂行される場合である。このテーゼによると、すでに作為と不作為との区別の実在的解釈が、行為の根拠へ立ち戻ることを要求する。そして、それとともに暗示的に意図と結果の甘受との区別を指示する。この連関の分析において即座に分かることは、求められた絶対的な倫理的相違を基礎付ける見込みがあるのは後者の結果の甘受だけだということである」[32]。

　ところが、この行為の根拠である「意図／予見」の区別もまた、不明確なものなのである。クーゼは以下のように言う。「緩和医療のなかには患者の死を早めるものがあることをすすんで認める専門家は多い。しかし、意図／予見の区別を引き合いに出して、自分たちの行う処置は自発的安楽死や意図的に生命を終わらせる行為とは違うものだと言って、強硬に両者を区別しようとする人もまた多い」[33]。「結果を直接に意図したか、または単に予見しただけかによって、生命を終わらせる決定の正邪を区別しようとすることは、理論的には何らかの利点があるかもしれない。しかし、実際問題としては、……意図の有無に基づく区別はほとんど役に立たないだろう。多くの場合、実際にある行為を行った時に行為者が何を意図していたかは、本人にしかわからないことである」[34]。

　クヴァンテは、「ある行為の意図しなかった観点のどれも、意図しなかった結果のどれも、甘受するにもかかわらず、倫理的にあるいは法的に、責任を帰せられてはならないという議論は誤りであるということ」を、以下のように説明している。「しかしながら、とりわけこの区別でもって倫理的に持ち

こたえることができる基礎付けが与えられるということも疑われるに違いない。なぜなら、一方で、おのおのの行為に、あるいはおのおのの第1次的根拠に、評価的−意志的観点［死を意図する、しないこと］とともにまた認知的観点［死を予見する、しないこと］も欠かせないからである。行為根拠はどれも意欲と知を等しい仕方でともに含んでいる。他方で、倫理的に、法的にもしっかりと構成された見解、しかもわれわれの日常の評価の実践にも内在している見解がある。つまり、行為の観点、行為の結果の倫理的な帰責可能性は評価的−意志的領域に限定されないという見解である。積極的に欲せられた観点や結果だけではなくて、単に予見された観点や結果もまた、程度はさまざまであるかもしれないが、責任があるからだ」[35]、と。

こうして狭義の安楽死と尊厳死との「絶対的倫理的相違を基礎付ける試みは挫折する。したがって、人間の生命の神聖性についての説の信奉者にとって、絶対的禁止は4つのすべての場合（狭義の安楽死、尊厳死、緩和医療の結果としての死、治療の差し控え）へ拡大することに必ずなる」[36]、とクヴァンテは結論付ける。

クーゼは、結局、倫理的相違は、「作為／不作為」、「意図／予見」にあるのではなくて、「患者の利益を意図」したかどうかにあるとする。「患者に対して何かを行ったり差し控えたりする場合、それが作為であれ不作為であれ、患者本人が自らの最善の利益になると考えるものであればよいはずである。ケアに携わる者ならば、患者の利益になると予見される行為や不作為を行うだけでなく、患者の利益をまさに「意図」して行為や不作為を行うべきだとは言えないだろうか」[37]。クヴァンテもまた、クーゼと同様に、他者危害排除の条件で、「耐えがたい苦痛あるいは尊厳のない露命をつなぐことから解放されたいという願いは正当化されるべきである」[38]としている。ただし、クヴァンテの場合は、その願いは、「生命の質の見積もりの客観的基準としての幸福」からではなくて、「人格個性に基づいた基準としての生命の価値」[39]に基づくのである。

それでは、緩和医療に代えて安楽死がおこなわれればよいのだろうか。クヴァンテは以下のように主張している。「この結果は、絶対的な答えと単純

な解決を求めている人々を満足させない。しかし私には、問題の複雑さを考慮すれば、最も是認可能な立場があるように思われる。しかし、それは安楽死－熱狂主義として把握されてはならない。なぜなら、この成果は代替の解決（ホスピス、緩和ケア）の要求を排除するのではなくて、逆にむしろ、まさしく倫理的問題性を認めるので、この代替の途を力強く歩むことを勧めることを示している。しかし、また逆の狂信も避けられなければならない。殺されたいという願望を表明する患者のすべてが、「本当は」ホスピスにいることだけを望んでいるのではないし、緩和治療によってすべてのケースが解決されるのではないのである」[40]。

3　安楽死の焦眉の観点

1　認知症／精神疾患のケース：終末期に限られない

　安楽死審査委員会の報告 2014 によると、2014 年も相変わらず、癌が安楽死の基礎疾患として 73％と多いが、新たな傾向として認知症と精神疾患のケースの増加のことが指摘されている。この問題について考察しよう。そしてこの問題と関連して判断能力のない患者の場合の意思表示が問題とされている。オランダは諸外国と異なり、書面としての意思表示を重視しない。それはなぜなのかを考える。

　報告に認知症の案件が取り上げられ始めたのは、2006 年である。そこでは患者が認知症の症状を伴っているケースが 6 件届けられたと書かれている。そして「そのようなケースは例外的である」と記載されていた[41]。ところが、2012 年は 42 件、2013 年は 97 件、2014 年は 81 件と近年増加している。このうち、2012 年では「注意深さの要件」を 2 件が満たしていないとされた。1 件は「患者の苦痛は耐えがたいということを満たしていない」ということで、もう 1 件は「独立した医師に相談していない」ということだった。

　精神疾患の安楽死も増加している。2012 年 14 件、13 年 42 件、14 年 41 件で、14 年の 41 件のうち 1 件が「要件を満たしていない」とされた。

　認知症も精神疾患も、ともに終末期であるとはかぎらない。終末期ではな

いにもかかわらず、安楽死が行われるがそれはどうしてだろうか。

すでに、本編1の2「注意深さの要件」のところで、「終末期とは限らない」ということを指摘した。これが、オランダのみならず、ベネルクス3国の安楽死法の特徴である。アメリカオレゴン州の尊厳死法では「死期が6ヶ月以内」と謳われている。日本の東海大学横浜地裁判決の4要件の一つでもある。しかしオランダ・ベルギー・ルクセンブルクの3国の安楽死法の何処にも「死期が近い」とは出ていない。だから、認知症や精神難病の患者にも安楽死の門戸は開かれてくることになる。ただし、後期認知症の患者の場合は意思表明の難しさがあるといえる。調査委員のハイデ氏は以下のように言う。「議論の現在のテーマは、例えば、安楽死が認知症患者に対して許容されるべきか否か、である。委員会は、患者が安楽死を意識的・自律的に要請したと考えられた、認知症初期段階のいくつかの事例を承認してきた。しかし、より認知症の進行した段階の患者についてはどうか。その疾患が悪化すればするほど、意識的な決定をする患者の能力は減少する。事前指示書は、この種の事例において患者の要請の十分な証拠になるのか」[42]。もし後期認知症患者の安楽死を認めると、それは格好なゲレンデになる恐れがある。いかに歯止めをかけるのだろうか？

2 安楽死の意思表明書

ベルギーやルクセンブルクの法には、「3章 事前の宣言／意思表明」という章があり、患者の要請は書面で示されなければならないとされ、詳細に規定されている。さらにベルギーでは書式までも王令により定められている[43]。それに対し、オランダには文書化された規定はなく、「安楽死をDr.○○に依頼する」という内容の文章を自分の言葉で書き、日付、サインを入れればそれで良い。しかし、地域の審査委員会に医師が提出するレポートには書式のモデルがある[44]。

日本では、インフォームド・コンセントでも文書で受けることが望ましいと指針等にも記載されている。オランダは、むしろ逆で、「書面による意思表明書は口頭による要請の代わりとなる」とされているにすぎない。政府の

要請で安楽死審査委員会が 2015 年に作成した『実施手引き書』の「3. 注意深さの要件」の箇所にはさらに以下のように書かれている。「法律上は、医師は患者による要請が自発的で熟考されたものであることを確信していることとある。書面による要請が必要だとは書かれていない。口頭での要請で充分である」[45]。これは、「安楽死法には文書で作成するようにとは書かれていない」ということなのである。

　要するに、オランダでは要請が明確で一貫性があればよいのである。そして要請は、長期間に亘る必要性はないとされる。「これの意味することは、要請は、長期間にわたっている必要はなく、直前の要請であっても、長期間維持された要請と同じく安楽死付与は可能である。どのような場合においても、患者からの自発的要請だとはっきりしていることが重要である。患者が安楽死要請に対して逡巡していることは普通である。しかし、最終的には、医師の目からみて要請は明確で一貫性がなければならない」[46]。

　これに対して、例えばアメリカ、オレゴン州の尊厳死法では、「2 回の口頭の要請、しかも 15 日間間隔を開けて 2 名の証人の前で文書に署名しさらに 24 時間間隔を開ける」となっている。ベルギーの安楽死法も「書面により確認され、二人の証人の面前で作成され」とあり、しかも、要件および手続きのところで、患者の書面による要請と安楽死との間に少なくとも 1 ヶ月を経過させる」と書かれている[47]。

　オランダでは、他者の代理要請に関しては否定的であり、「他者の要請は受けられない」旨も書かれている。「法律上は、患者サイドから要請はされなければならないとある。患者の代わりに他者が安楽死要請を行った場合は認められない」。これには脚注が付されていて、「患者が、他者に安楽死要請を全面委任することはできない。他者が医師に患者が安楽死を望んでいると伝えることはできる。それによって、医師は患者と話し合う、あるいは話し合いがもはや困難な場合は、書面による意思表明書を判断する」[48]と書かれている。

　さらに家族の影響を排するために、医師と患者で二人きりで話をするべきとされている。「したがって外部からの影響は意に介さないことを医師は肝

に命じていなければならない。患者の配偶者が、患者と医師との話し合いに強く口を挟む、あるいは、医師は患者から返答を聞きたいのに、配偶者がしょっちゅう返答してしまうといった事例。そのような状況では、医師は患者と二人きりで話をするべきである。患者が他者に負担をかけているのではないかと考える。それが理由で安楽死を要請する。そのことが自発的な要請とはならないと一概に判断することはできない」。そして脚注で「患者が他者に負担をかけていると思うことは、患者の経験する耐え難い苦しみの一つとなりうる」[49]、と書かれている。

　書面の意思表明の有効性については『実施手引き書』に次のように書かれている。「法律上は、書面による意思表明書の有効期限は制定されておらず、また、更新も要求されていない。意思表明書が古いものであることよりも、患者が何を本当に実行したいのか表明することに対する疑問がおこる可能性の方が高い。患者が意思表明書を更新した場合、あるいは、書面作成後口頭で内容を再確認した場合は、それが行われなかった場合よりも意思表明書の価値は高くなる。患者の生命終結要請書に関して重要なことは、書面による意思表明書をちょうど良いときに作成し、内容を適宜アップデートし、なるべく具体的な状況を内容に盛り込むことである。意思表明書を時機にかなって作成し、医師と話し合いながらアップデートするのは患者の責任である。医師はそれらの経緯をカルテに記載する。患者個人が自分の言葉で書いた表明書は、通常、既製のフォームよりも、より重要性を増す。つまり重要点を纏めると、

① 患者が精神的に有能な時期に書いた書面が、再確認されていること。
② 患者がもはや充分な（良好な）意思表示できない時期に、意思表明書の内容に対立する意思表示をしていないこと。
③ 要請による生命終結時期が患者の書いた書面による意思表明書の内容と合致していること。（また注意深さの要件を満たした時期であること。）

　患者が安楽死に対する一貫した全体像を作成するにあたって、すべての事実と事情を一緒に鑑みて話し合われなければならない。それによって、書

面による意思表明書に患者の意思を盛り込んで、安楽死実施の時期にかなうように、意思表明書を作成できる」[50]。

2016年1月7日、オランダ保健省および司法省が新たなガイドラインを発表した。それは、重度認知症患者の安楽死の規制を少し緩和するもので、これまでの言葉あるいはジェスチャーによるコミュニケーションが必須という意思表示方式から、まだ自分の意思を表明できる段階で書面による安楽死の希望を医師に提出しているという条件で、書面での意思表示方式が採用になったということである。後期認知症患者の安楽死に道が開かれたということであるのだが、「すべり坂」の疑念は残る。

3　耐えがたい苦痛の問題

オランダでは、「患者の苦痛は耐えがたいもので改善の余地がないもの」[51]とされている。「その苦痛は、身体的なものでも精神的なものでもよいが、特定の医学的症状または疾患の結果でなければならない。したがって、医学的な基礎疾患を患っていないのに生きるのに疲れたということは、安楽死を実施する法律上許容された理由ではない」[52]。一方、ベルギーやルクセンブルクでは、病気あるいは事故の結果としての身体的あるいは精神的苦痛ないし苦悩で、堪えがたく不変のものとなっている[53]。特にベルギーでは末期疾患でない場合でも可能である[54]。ただし、少なくとも要請と安楽死の間に一ヶ月間、間を置くこと。第三者の医師や、精神科医に相談することとなっている。

また注意深さの要件の一つである「耐え難い苦痛」のボーダーラインをどこに引くかという問題は、オランダ安楽死法のアキレス腱であり、注意が注がれている[55]。ほとんどの安楽死のケースは、もうすでに命が短く身体的に深刻な病状をわずらっている患者に対してほどこされるが、中には耐えがたい苦痛の境界線にたつケース（例：若年性認知症）もあり、医師と患者の苦痛の捉え方が相違する場合がある。また、苦痛は主観的なものであるため、病気（重症度）によってでしか客観的に見られないが、患者によっても同じ症状でも苦痛に思う人と思わない人がいる。実際、4分の1の医師が安楽死

4　ベネルクス3国の安楽死法――比較と課題　97

の要請が"耐えがたい"苦痛の条件に当てはまるか否かで問題と感じているという研究報告がある[56]。

『実施手引き書』の文中で、「医師が当該患者の苦しみを理解できるかにもよる。医師は状況を観察するのみならず患者の視点に立たなければならない」。「"当該患者"の苦しみに関してである。（患者の人生経験や性格、患者の痛みに耐えうる能力や価値観）苦しみは医師が理解できるものであること」[57]は、単に患者の苦しみを客観的に知識として確認することでなくて、まさにノディングスが言う[58]ような意味で「ケアすること（動機の転移）」、つまり単なる感情移入に基づく一方向的なパターナリズムではなくて、相互性に基づくケアリングが意味されているようである。だからこそ、医師は「思いやり」で生命終結に介助することができるのである。「思いやり」こそ、オランダ安楽死法の要である、と言える。このように、オランダ安楽死法を基礎づけているものは、「自律」ではなくて、「思いやり」である[59]。ただし、この「思いやり」が独りよがりになる危険性を防ぐために、「独立した医師」の相談を義務づけることや安楽審査委員会の審査により、正義・公平原則との両立を図るのである。そしてこの「思いやり」とは、利他心に根ざす与益（善行 beneficence）原則[60]であると言える。

注

1　Herman Nys, A Presentation of the Belgian Act on Euthanasia Against the Background of Dutch Euthanasia Law, *European Journal of Health Law* 10, 2003, p.242.　ベルギー刑法は依頼されて殺すことを特別な刑事犯罪と見なさず、故殺（393条）殺人（394条）、毒殺（397条）の罪で裁いた。
2　Deliens 教授の調査によると、安楽死 640 例（死の全体の 1.1％）、要請なしの生の積極的終結は 1,796 例（3.2％）（フランダース地方 1998 年）。Luc Deliens et al., End of life decisions in medical practice in Flanders, Belgium: a nationwide survey, *The Lancet*, vol.350, 2000, p.1806.
3　ペーター・タック『オランダ医事刑法の展開』（甲斐克則訳、慶応義塾大学出版会）36-7頁。
4　参照；論文1。
5　Jochen Vollmann, *Patientenselbstbestimmung und Selbstbestimmungsfaehigkeit*, Kohlhammer, 2008, S.172.
6　フローニンゲンプロトコルの提題者の P. J. J. Sauer 医師の発言。参照、生命倫理研究資

料集Ⅶ（富山大学刊）、2013 年、140 頁。

7　A. v. der Heide, Euthanasia and physician-assisted suicide in the Netherland and Belgium, 生命倫理研究資料集Ⅵ（富山大学刊）、2012、p.160.,（邦訳 171 頁）。

8　2012 年 12 月 14 日に末期疾患を患っていない双子の兄弟が視覚疾患も患うようになり、安楽死した。本田まり、終末期医療に関するベルギーの法的状況、生命倫理研究資料集Ⅶ（富山大学刊、2013 年）、9 頁。

9　オランダは文書より口頭での意思表示を重視してきたが、後期認知症の患者の安楽死を巡り、議論の末、2016 年 1 月 7 日、オランダ保健省および司法省が新たなガイドラインを発表した。本巻所収論文 1 参照。

10　MODEL voor een VERSLAG van de BEHANDELEND ARTS, 11. 注 44 参照。

11　参照、生命倫理研究資料集Ⅵ、295-7 頁、Ⅶ、145-163 頁。

12　L. Deliens, 発言東京シンポジウム. 2012.3.29.、生命倫理研究資料集Ⅵ、250 頁。

13　Cf. Kenneth Chambaere, *Medical end-of-life practices in Flanders and Brussels*, Belgium, VUBPRESS, 2010, p..35.

14　尊厳死（deth with dignity）この言葉は、植物状態における生命維持装置の取り外しをめぐって争われたカレン・アン・クインラン裁判（1975）において、アームストロング弁護士の冒頭陳述を締めくくるさいに用いられた「優美さと尊厳を持って with grace and dignity」に由来する。弁護士がこの言葉をどこから引用したのか、私は知るよしもないが、シラーの著作（1793）の表題（*Über Anmut und Würde*）に見いだす。

15　横野恵、英米法権における終末期の権利、『生命倫理・生命法研究資料集Ⅰ』（芝浦工業大学、2015、101 頁）。その後の動きとして 2015 年 2 月にカナダ最高裁判所が刑法の自殺幇助規定に対して違憲判決。

16　J. J. M. Delden, Physician and the End of Life in the Netherlands, 小沼有理子訳、医学哲学医学倫理 33、2015, p.82. 一般医（general practitioner）＝家庭医（huisarts）

17　J. J. M. Delden, *ibid*.；邦訳 p.82.

18　J. J. M. Delden, *ibid*.；邦訳 p.83.

19　Judith A. C. Rietjens et al., Two Decades of Research on Euthanasia from the Netherlands. What We Learnt and What Questions Remain？*Bioethics Inquiry* (2009) 6. p.281.

20　Judith A.C. Rietjens et al., Continuous deep sedation for patients nearing death in the Netherlands: descriptive study, *BMJ*. 12. Apr. 2008, 336 (7648), p.810.

21　Eric van Wijlick（Royal Dutch Medical Association,beleidsadviseur）

22　A. van der Heide, End-of life decisions and continuous deep sedation for patients nearing death, スライド 38.（富山講演、2009.11.17. 邦訳南千穂、所収：生命倫理研究資料集Ⅳ、富山大学、2010、187-217)。

23　Stefan Braum, Sterbehilfe in Luxemburg: Genese, Dogmatik und Praxis des neuen Gesetzes, 生命倫理研究資料集Ⅵ、p.222；邦訳甲斐克則・天田悠、233 頁。

24　Luc Deliens, Euthanasia: attitudes and practices in Europe and Belgium, 生命倫理研究資料集Ⅶ、p.193；邦訳福山好典・天田悠・甲斐克則、208 頁。

25　「実際ベルギーでは緩和ケアを受ける人も安楽死を受けるという傾向にあるし、ホスピスや緩和ケア病棟で安楽死が増えている。緩和ケア治療を受ける人も実際増えている。これ

はやっぱり安楽死を認める事でより医師－患者関係が良くなって、コミュニケーションが深くなるっていう事が影響しているんじゃないか」（生命倫理研究資料集Ⅵ、242 頁）。「ベルギーで調査して、実際には先ほどの報告のなかでお話ししたような結果がでたわけですけども、こういう結果が出て非常に驚いています。法が施行されてみると、ベルギーの中の医師の立場が少しずつ変わってきて、もともとは他の国の場合と似たような考え方だったのだと思われますが、いまは緩和ケアと安楽死は、お互いに対立する、あるいはお互いを排除するようなものではなく、お互いを相補的なものとして捉える見方が出てきたのだと言えるでしょう」（生命倫理研究資料集Ⅵ、247 頁）。

26　H. Kuhse, *Caring: Nurses, Women and Ethics*, Blackwell, 1997, p194.；邦訳；竹内他訳『ケアリング』メディカ出版、248 頁。
27　Michael Quante, *Personales Leben und menschlicher Tod*, suhrkamp, 2002, S. 226.（高田純監訳、ドイツ医療倫理学の最前線―人格の生と人間の死、リベルタス出版、2014）。
28　Quante のコンセプト。Haris らの自己決定の形式的能力としての Personalität に対して、合理性と相互主観性の下に実質的に豊かなふくらみを持った概念。Vgl. M. Quante, Ebd., S.235.；邦訳 211 頁。
29　Helga Kuhse, *ibid.*, pp.178-9.；邦訳 228 頁。
30　M. Quante, *Ebd.*, S. 243.；邦訳 217-8 頁。
31　H. Kuhse, *ibid.*, p.179；邦訳 229 頁。（傍線、筆者）
32　M. Quante, *Ebd.*, S. 244.（傍線、筆者）；邦訳 218 頁。
33　H. Kuhse, *ibid.*, p.180；邦訳 231 頁。
34　H. Kuhse, *ibid.*, p.180；邦訳 232 頁。
35　M. Quante, *Ebd.*, S. 249.；邦訳 223 頁。[　　] ないは、筆者による補足。
36　M. Quante, *Ebd.*, S.250.；邦訳 224 頁。
37　H. Kuhse, *ibid.*, p.183；邦訳 234 頁。
38　ジープ、クヴァンテ（手代木陽訳）「安楽死を哲学的に考える」、ジープ／山内／松井編、『ドイツ応用倫理学の現在』（ナカニシヤ出版、2002 年）所収、149 頁。
39　M. Quante, *Ebd.*, S. 258f.；邦訳 231 頁。
40　M. Quante, *Ebd.*, S. 263f.；邦訳 235 頁。
41　Regionale toetsingscommissies euthanasia *Jaarverslag* 2006, p.5.
42　Heide, *ibid.*, p.167、邦訳 176 頁。
43　参照、生命倫理研究資料集Ⅵ（富山大学）2012、295-7 頁；同Ⅶ 2013、145-163 頁．
44　MODEL voor een VERSLAG van de BEHANDELEND ARTS, 11「「書面による患者の）事前指示書（依頼書）がある場合、このレポートに添付して下さい。書面による依頼書は、法的には必須ではない。しかし、生命終結における依頼に関するコンサルタントにおいて、（依頼が）もっと明瞭になるのである。作成されたビデオや録音資料は同じように有効である。例えば、患者が（もはや）書くことができない場合が挙げられる。必要に応じてこの資料は添付される」と、明記（ベイツ裕子氏訳）。
45　*Code of Practice*, p.11.（訳はベイツ裕子氏。以下同じ）。
46　*Code of Practice, ibid.*
47　本田まり訳、生命倫理研究資料集Ⅵ（富山大学）、2012、267-268 頁。

48　*Code of Practice, ibid.*
49　*Code of Practice*, pp.11-12.
50　*Code of Practice*, pp.24- 25.
51　The patient's suffering should be unbearable and without prospect of improvement.
52　A. v. der Heide, Euthanasia and physician-assisted suicide in the Netherland and Belgium, 生命倫理研究資料集Ⅵ（富山大学刊）、2012、p.160.,（邦訳 171 頁）。
53　ベルギー：The patient is dealing with unbearable and consistent physical or psychological pain or suffering as a result of an illness or an accident, The person cannot be cured.
　　ルクセンブルク：une situation médicale sans issue et fait état d'une souffrance physique ou psychique constant et insupportable sans perspective d'a mélioration, résultant d'une affection accidentelle ou pathologique
54　2012 年 12 月 14 日に末期疾患を患っていない双子の兄弟が視覚疾患も患うようになり、安楽死した。本書本編 2、p.50 参照。
55　Donald van Tol et al., Judgement of unbearable suffering and willingness to grant a euthanasia request by Dutch general practitioners, *Health Policy*, Elsevier, 2010　この論文で境界領域を取り上げている。1）近い将来の死の恐れ 2）極端な依存症 3）尊厳の喪失 4）人格的統合の喪失（アルツハイマーの初期の段階） 5）生きるのに疲れた 6）親族への負担を課すこと。
56　Cf. *ibid.*；デルデン教授は、「（オランダ）法律の核心は、死が最後の救済（*ultimum remedium*）であるという医師の判断にあり、患者の自律性は決定的ではない。それゆえ社会が異なる均衡をとることを求める場合は、新しい法律が必要となるだろう」、と指摘している。参照 Delden, *ibid.*
57　*Code of Practice*, p.14.
58　Nel Noddings, *Caring*, U. of California, p.33.
59　Anne Ruth Mackor, Euthanasia in the Netherlands Termination of Life on Request and Assisted Suicide（Review Procedure）Act（2002）, Bayreuth, 11-9-2.
60　生命倫理学の 4 原則の一つ。

比較表：オランダ・ベルギー・ルクセンブルク安楽死法　2015.12.26　盛永審一郎

	オランダ （人口 1,686 万人 2014 年）	ベルギー王国 （人口 1,1299,000 人 2015 年）
法律等	Toetsing van levensbeëindiging op verzoek en hulp bij zelfdoding en wijiziging van het Wetboek van Strafrecht en van die Wet op de lijkbezorging（2002 年 4 月 1 日施行）。 治療不可能な病気の赤ちゃんにも適応（2005/12、フローニンゲンプロトコル）。	Loi Relative à l'Euthanasie（2002 年 5 月 28 日公布。9 月 23 日施行。） 患者の権利法（2002 年 8 月 22 日・治療の拒否、同意撤回の権利。） 2005.11.10　薬剤師の役割を追加 2014.2.28　未成年者に拡張する修正法成立
安楽死	オランダには安楽死の明確な定義はない。 安楽死＝deliberately ending a person's life at the person's request（1985） 積極的安楽死 (介助自殺 assisted suicide ＝ intentionally helping another person to commit suicide or providing them with the means to do so を含む) を許容。（刑法 293 条で安楽死・294 条で介助自殺禁止）	積極的安楽死（＋心理的苦痛）を許容。 Euthanasia＝intentionally terminating life by another person than the person concerned, at this person's request. 介助自殺 assisted suicide には適応されない。assisted suicide は明確に禁じられていない。原理上相違がない。
内容	due care 注意深さの要件（第 2 条①）刑法第 293 条第 2 項にいう注意深さの要件とは、次の各号に掲げる医師の所為をいう。 a 医師が、患者による要請が自発的で熟考されたものであることを確信していること。The patient's request should be voluntary and well-considered. b 医師が、患者の苦痛が永続的なものであり、かつ耐え難いものであることを確信していること。The patient's suffering should be unbearable and without prospect of improvement. c 医師が、患者の病状および予後について患者に情報提供をしていること。The patient should be informed about his situation and prospects. d 医師および患者が、患者の病状の合理的な解決策が他にないことを確信していること。There are no reasonable alternatives. e 医師が、その患者を診断しかつ上記ａからｄまでに規定された注意深さの要件について書面による意見を述べたことのある、少なくとも別の１人の独立した医師と相談していること。および、Another, independent physician should be consulted. f 医師が、注意深さの要件を尽くして生命終結を行うかまたは介助自殺をしたこと。The termination of life should be performed with due medical care and attention. 以上の注意深さの要件を遵守して、医師によって行われたものであり、また、この医師が遺体処理法の規定に従って、その行為を届け出たものであるときには、もはや処罰されるべきではない。 ・18 才以下の場合は、16-18 才は患者の要請、12-16 才は患者の要請と両親あるいは保護者の承認	安楽死を実施する医師は、次のことが確認される場合には、罪を犯すことにはならない。 − 患者が、成年者または解放された (émancipé) 未成年者であり、法的能力があり、かつ本人の要請の時点で意識があること The patient is age or an emancipated minor. The patient is of full legal capacity. The patient is conscious. − 要請が、自発的になされ、熟考され、かつ繰り返されていること、および外部からの圧力によるものではないこと The request is voluntary, well-considered, and repeated. − 患者が、医学的に解決策のない状態にあり、持続的で耐えがたい肉体的または精神的な苦痛に苛まれており、その苦痛は緩和されることができず、かつ事故または病気による重篤で不治の疾患に起因すること The patient is incurable disorder（une situation médicale sans issue, medizinisch aussichtslosen Lage）The patient is dealing with unbearable and consistent physical or psychological pain or suffering as a result of an illness or an accident, The person cannot be cured. ならびに、医師が、この法律に定められた要件および手続を遵守すること ・医師の義務　別の医師に相談、医師はカルテへのアクセス権を持つ。看護チームへの相談。親族との相談。 ・(non-terminally ill patient) 心理的苦痛の場合：第三の医師、精神科医、あるいはその患者が蒙る病気のスペシャリストに相談しなければならない。安楽死の要求と施行の間に少なくとも１ヶ月間がおかれなければならない。 ・対象年齢　patient over 18（18 歳以上成人、親権から解放された未成年も）。2014 年修正法成立。18 才以下でも可。

ルクセンブルク大公国 （人口 562,958 人 2015 年）	世 界
Loi du 16 mars 2009 sur l'euthanasie et l'assistance au suicide「安楽死と自殺ほう助に関する法」(2009 年 3 月 16 日公布、4 月 1 日施行)。 「緩和ケア、事前指示書、および終末期の付添いに関する法」(2009 年 3 月 16 日公布、4 月 1 日施行)。	日本 名古屋高裁判決（1962 年）／六要件 東海大学付属病院裁判（1995 年）横浜地裁／四要件 積極的安楽死を許容（ただし、判例として確立したわけではない）。
安楽死（euthanasie）とは、患者の明白かつ自発的な要請に基づき、医師によってなされる、意図的にその者の生命を終わらせる行為を意味する。自殺幇助（assistance au suicide）とは、本人の明白かつ自発的な要請に基づき、医師が、意図的に他者の自殺を助けるか、他者に対してそのような効果をもつ手段を提供することを意味する。(1 条)	【横浜地裁四要件】 ①死期が切迫している、不可避である ②耐え難い激しい肉体的苦痛がある ③苦痛を除くための方法を尽くし、他に代替手段がない ④患者の現実の同意
処罰のない安楽死の処置は医師により行われなければならない。安楽死あるいは自殺ほう助の要請が最初にあること。(2.1) 2-1-1 判断能力のある成人により明確な意識のもとで文書化される。 2-1-2 自発的で、熟慮されたもの、必要があれば繰り返し、そして外的圧力なしに述べられたもの。 2-1-3 （安楽死行為の実質的な核）une situation médicale sans issue et fait état d'une souffrance physique ou psychique constant et insupportable sans perspective d'amélioration, résultant d'une affection accidentelle ou pathologique「逃げ道のない医学的状況」、持続的な耐え難い身体的あるいは心理的苦痛、 2-1-4 文書の形式と患者のサイン 医師の義務づけ 2-2-1 情報提供と可能な治療を含めて話し合うこと、そして要請が自発的であることいかなる他の解決もないことの確信をえること 2-2-2 患者の心的か身体的苦痛の持続の確忍 2-2-3 別の独立した医師が、改善の見込みのない「重い、治療しえない病気」の診断に達した 2-2-4 看護チームとの相談 2-2-5 患者が信頼している人物と、患者の意思に関して 2-2-6 患者が選んだ人と合意すること 2-2-7 コントロールと評価委員会 4-3 患者の事前指示書 5 年間有効、	【事件】 関西電力病院事件（1995 年；2003 年発覚）⇒不起訴 京北病院事件（1996 年）⇒不起訴 川崎協同病院事件（1998 年） ⇒二審有罪判決（2007 年） ⇒上告。最高裁、上告棄却。有罪確定（2009 年 12 月） 羽幌病院事件（2004 年） ⇒不起訴（2006 年） 射水市民病院事件（2006 年） ⇒書類送検（2008 年 5 月）、不起訴（2009 年 12 月） 和歌山県立医大付属病院（2007 年） ⇒不起訴 【関連ガイドライン等】 「死と医療特別委員会報告」（日本学術会議）1994 年「栄養補給も中止してよい場合がある」。 日本は援助自殺は刑法第 202 条で禁止。 日本尊厳死協会（1983 年）：Living Will の法制化を求める。 厚生労働省：「終末期医療の決定プロセスに関するガイドライン」(2007 年) 日本救急医学会：延命治療中止の基準を明記した指針（2007 年） 老年医学会「高齢者者ケアの意思決定プロセスに関するガイドライン　人工的水分・栄養補給の導入を中心として」(2012 年) 超党派議員による「尊厳死法案」の提出準備 骨子：終末期であると二人以上の医師が判断し、書面で延命措置の中止等を希望していれば、中止または不開始の医師の免責。

	オランダ	ベルギー王国
内容	・届け出義務（怠ると犯罪） Five regional review commission が注意深さの義務を怠ったと判断した場合、検察官へ送付。 ・不治の病 ncurable disorder の言及がない。 ・終末期であることは要求されていない Not required: terminal illness。 ・安楽死は患者の権利ではないし、医師に義務づけられていない。 ・安楽死は例外である。Euthanasia is an exception。 ・安楽死は、人工妊娠中絶と同様に、通常の医療行為 (normal medical care) とは見なされていない。	・current request ・advance directive（二人の証人の前で、5 year） ・安楽死を施行後、医師はそのケースを4日以内に Federal Control and Evaluation Committee Euthanasia に検証するために報告する必要がある。この委員会はレポートする医師が法的に注意深い要件すべてを満たしたかどうか決定する。不ぞろいの場合に、委員会は医師に付加的情報を要求することができる。そして委員会が 2/3 の多数で規範や手順が尊重されていないとした場合、検察へそのケースを送ることができる。
緩和ケア法	・緩和医療は通常の医療であるため、法制化の必要性はない。 ・王立医師会でガイドライン	・通常の医療行為と見なす人もいる。 　緩和ケア法がある。2002 年 6 月 14 日。これは緩和ケアを受ける権利を保障するもの。「緩和ケアの第一の目的は、病者および近親者に、できる限り良い生命の質（qualité de vie）および最大限の自律を提供することである。緩和ケアは、患者およびその家族のために、本人に生きる時間が残されている間、生命の質を保証し、最適化することを目標とする」。
	緊急避難（責任阻却）：ペーター・タック『オランダ医事刑法の展開』（慶應義塾大学出版会、2009）、36-7。	自己決定権
委員会	地域安楽死審査委員会 Five regional euthanasia review committees 委員会は奇数の委員で構成一人の法律家（委員長）、一人の医師、一人の倫理あるいは Sinnfrage の専門家。2012 年増員。任期は 6 年。更新は一度のみ。患者の苦痛の「耐え難さ」「希望のなさ」について、どのように患者が自らの状況について説明を受けたか、患者の要請が自発的かどうかなどを調べる。 手順：医師は検死官へ届け出。検死官は地域審査委員会の一つに報告。委員会は基準が満たされたかどうか 6 週間以内に査定。もし満たされていないなら、検察官に報告。検察官が最後に医師を訴追するかどうかを決める。2003-2005 年で報告されたケース全体の 0.3%（5,634 件の 15 件）で基準が満たされなかったと判断した。しかし起訴されなかった。透明性が高い。文章化された結果を医師に送付。審査委員会の website に匿名で発表。	連邦監督評価委員会 Federal Control and Evaluation Committee Euthanasia 16 人の委員で構成。8 人は医師、そのうち 4 名は大学教授、4 名は法学教授か弁護士、4 名は治療不可能な患者の問題と関わる領域、緩和ケアに携わる人物、4 人。任期は 4 年。更新可能。 委員会のバランスを取るための条件 ＊言語：ドイツ語を話す者 8 名とフランス語を話す者 8 名 ＊複数の代表：それぞれ違う人生観の持ち主 ＊各性別ごとに最低 3 名の候補者。委員会は 2 ヶ月以内に判定をくだす。医師に結果は知らされない。 これまでいかなるケースも送検されていない。匿名性。
	・30 年の間オランダの安楽死を支配してきた手順と規範の集大成。これらの規範と手順は医師の専門職能集団のなかで大部分現れた。	・ベルギー刑法は依頼されて殺すことを特別な刑事犯罪と見なさず、故殺（393 条）殺人（394 条）、毒殺（397 条）の罪で裁いた。

ルクセンブルク大公国	世　界
	アメリカ 【オレゴン州尊厳死法（1997年11月）】 Oregon Death with Dignity Act 医師・薬剤師の援助自殺（致死薬の処方）を許容 慈悲深く（humane）、かつ尊厳ある（dignified）方法で、その人生の最後を迎えるための薬物療法を、書面により要求できるようにするための手続きを詳細に規定するもの。
・緩和ケアについての法：第2条　非合理的な強制に対する拒否　その理由の如何を問わず、重篤かつ不治と判断される疾患の進行期あるいは末期において、終末期にある者の状態に鑑みて不適切な検査や措置を行うことを拒否したり、差し控えたりしたことや、当時の医学的知見に基づき、当該患者にその状態の緩和、改善あるいは完治の望みを与えなかったことを理由として、医師は、刑事上の制裁を科されることはなく、また賠償請求のための民事訴訟を提起されることはない。ということは、治療の中止・停止・緩和医療も通常の医療行為ではないと規定されている。	18才以上のオレゴン州市民で、回復の見込みのない、もはや6ヶ月以上生きる見込みのない、2回の口頭の要請（15日以上の間隔）と、2名の証人の前での文書に署名。48時間の待機期間をおいて薬物の処方箋。 医師・薬剤師の民事・刑事裁判を免除。 2001年アシュクロフト・ディレクティヴ（停止命令） 2002年同指令差し止め命令　2006年1月17日致死薬の処方を認める（連邦最高裁） 2012年までに673名が自殺。処方箋数1,050枚。
自己決定権 国家監督評価委員会（9名）：医師の代表者3名、法学者3名、看護の代表者、患者の代表者、健康団体の代表各1名。 ・公的データーバンクの設立 　安楽死願望を含む患者の意思表示を記録する。個々の安楽死の処置のコントロール（ex-post）。	ワシントン州（2009年3月施行）、バーモント州（2013年施行）、モンタナ州、ニューメキシコ州も最高裁、地裁判決で認める。 2015年カリフォルニア州で死ぬ権利法案可決。 〈アメリカ全体で〉 1975年カレン・アン・クインラン裁判 1988年ナンシー・クルーザン裁判 1990年患者の自己決定権法 1993年「医師による援助自殺」裁判 2005年テリーシャイボ判決。覚醒コーマ患者から栄養チューブを外すことを許容。 2014年メイナードさん尊厳死
70年代から論争、1989年に、安楽死と死の介助をめぐる社会的な葛藤が二つの団体の設立において明らかとなった。「尊厳死の権利	

	オランダ	ベルギー王国
経緯	1865 医薬業法 the Law on Medical Practice 1869 遺体埋葬法　the Burial Act 1881 刑法　安楽死12年の拘禁刑 1973 Postoma case 1984 Schoonheim case →耐えられない苦痛は「尊厳の喪失」を含む。the limits of medical care, the importance of patient's self-determination 1990 安楽死報告届け出制（法務省とオランダ医師会の合意）医療検察官に提出→検事に提出 　Remmelink 委員会：5年おきに調査 1994 Chabot judgement, mental case 非身体的心理学的苦痛も耐えられない苦痛の範囲内にあると決めた。 1998　弁護士、医師、倫理哲学者を含む multi-disciplinary review committee 統合審査委員会 2002 Brongersma-case　（最高裁判所）患者の苦痛が医学的に分類された病気により引き起こされているなら安楽死は合法である、そして心的外傷の事象あるいは生への意味の喪失（実存的苦悩）はそのようなものとして見なされないと制限をつけた。 2003 Vencken case（緩和ケア患者へのミダゾラムの追加投与）安楽死法は、通常の終末期ケアを刑事罰の対象にするという副作用を持っていたということを示すケース。2年の裁判を経て無罪。 2005 緩和的鎮静のためのガイドライン。 オランダの11%の住人は non-western countries 出身。	・他方、安楽死を施した医師は罰せられることも迫害されることもなかった。ベルギーでは安楽死が行われていることを誰も否定しなかった。Deliens の調査によると、More than three in 100 deaths in Belgium's northern Flemish region every year were the result of lethal injection without the patient's request. 安楽死 640例（死の全体の 1.1%）、要請なしの生の積極的終結は 1,796例（3.2%）（フランダース地方 1998年）。 80年代、90年代には安楽死法案が出されたが、ベルギー政府を支配しているキリスト教民主同盟の反対で否決された。 ・法の成立前後に、いかなる判決もないし、また医療専門職によるガイドラインなどはない。（立法の際に、医師の参加なしに、政治家が政治的決断で法律を作ったという批判がある。 ・致死薬を処方する伝統があった。 mullum crimen sine lege rule（法がなければ罪はない）。 ・Belgian Advisory Committee on Bioethics（1995 設置） 　1997年5月最初の指示：recommendation of the Belgian Advisory Committee on Bioethics of 12 May 安楽死の定義（オランダ政府委員会 Dutch State Commission on euthanasia in 1985 の定義をそのまま） 　医師はしばしば患者の意思を問うことを忘れた。患者の生を終わらせる際の医師の行為を修正するために議決された。
背景	・ホームドクター制。信頼関係あり。しかも患者は医師によく相談する。 ・一般医（GP）が主に実施。90%が（family）doctor who has an established treatment relationship with the patient のもとで。 ・ヘルスケアシステム国民皆保険 ・相談窓口 Consultation：Since 2000, SCEN (Support and Consultation for Euthanasia in the Netherlands.) オランダ王立医師会が 1997年以降率いているプログラムで、現在約 600人の医師（家庭医、専門医、老年医療の専門医から成る）が関わっている。SCEN は安楽死のガイドライン作成、倫理規定、医師の教育を行っている。安楽死を行う医師は医師会に電話し、安楽死全般について、相談することができる。年に 3,700の相談件数、1,100件の質疑。Due care の項ⓔにある医師は、ほとんどの場合 SCEN に参加している医師で、しかも、患者に安楽死を行うことになる主治医がもう一人の医師を要請するとき	・ホームドクター制はあるがゆるい。患者はホームドクターを選ぶことができる。 ・主として Hospital doctor が実施。 ・相談窓口：Since 2003, LEIFartsen in Belgium. 一安楽死クリニックについて（オランダ）； 2012年3月からアムステルダムで活動を開始した、KNMG と別の自発的に集まってできた家庭医のグループ。看護師も活動に含まれており、患者を巡回する。巡回チームは 11グループある。いずれにせよ、オランダの法律のもと、かつ SCEN の作成したガイドラインのもとに安楽死が行われることになるので、KNMG としては透明性を持って、公正に判断されたかどうか、最初の数例を注意深く見守る方針。しかし安楽死の適応であるか判断する医師は本来の担当家庭医ではなく、患者を1－2回しか診療しないため、患者―医師の良好な関係は築かれていないと考えられ、適切に安楽死を疑えるのかどうか、不明。

ルクセンブルク大公国	世界
連合」は人間の尊厳を持った死の権利とおのれの死に関して自己決定権を擁護した。結社「Omega90」は医師の職業組合の支持を得て緩和医療の強化を支持した。そして死の介助の犯罪性を取り除くことに対して強く留保を明らかにした。 1996年議会での論争、倫理委員会設置。 1998年8月28日の法：患者に詳細な情報権、治療を拒否する権利、治療しえない最終の病状にある患者は、見込みのない集中治療を拒絶して身体的心的苦悩を和らげる権利を認めた。 1999年：患者の意思表示（リビングウイル）法：このときは安楽死が処罰されないということは明確に拒否された。 2001年首相のJunckerの政府声明：現在の法を具体化する準備 2008 社会民主党、自由党、緑の党が賛成、政府のCSVは反対（政府が提出した法案ではない）。法案成立。 2008年12月大公アンリが良心的自由により拒否。国家元首が議会により議決した法案に同意を拒否したのは大公制度化の現代憲法ではじめて。 2009年3月16日、署名を拒否した大公の意向にかかわりなく法律が公布されるよう憲法条文を改正して、安楽死法を公布。 　しばしば刑事事件においてのように、ルクセンブルクの立法者は、ベルギー（フランス語を話す文化圏）の手本により影響されている。法の基礎付けに対しても、法の内容にとっても妥当する。そのさい、安楽死の犯罪性を取り除くことはベルギー上院の考慮を拠り所に。	【ドイツ】 ナチズム、T4計画において、障害者を安楽死させた過去への反省から、積極的安楽死（Sterbehilfe）は法律的に禁止されている。「望みに応じて殺すこと」は刑法216条により6ヶ月から5年の間の懲役。 ドイツ医師会：医師の死の看取り（Sterbebegleitung）のための原則（2004年）2011年修正（治療の停止を認める）。連邦通常裁判所が直接的な生命終結の援助は意図的殺害とし、間接的な場合（緩和医療死）を許容（1996年判決）。 2015年11月　自殺幇助の刑量加重のための法律。「自死の営利的な介入を処罰する法律」。しかし一方で医師の介助自殺を認める。 【イギリス】 法の上では可罰的、現実には曖昧な処理。医師が延命治療を中止するか手控える「消極的安楽死」二つの極端なケースで受け入れられている。「患者が望むとき」と「絶望的な植物状態」にあるとき。後者の場合栄養補給の中止合法的。 2002年ダイアン・プリティ事件　ヨーロッパ人権裁判所：許容せず。 2015年6月　貴族院に援助自殺法案上程。 【スイス】 非医師による自殺援助は、利己的動機でなければ、違法ではない（Art.115 StGB）。そこで医師は致死薬を処方するが臨席しない。医師の援助自殺の合法化を目指す。1年に現在約200人（0.3%）NGO：EXIT（1982年）Dignitas（1998年）などの団体がある。Dignitasでは、2009年までに1,041人（564人はドイツ人）。 【フランス】 「病者の権利および生命の末期に関する2005年4月22日の法律」 【オーストラリア】 北部準州「末期患者の権利法」（1996年施行／1997年無効）
・Hospital doctorが施行。 ・緩和ケアについての法：この法も2条で犯罪性を取り除く効力を伴う指示を含む。刑罰なしに。	

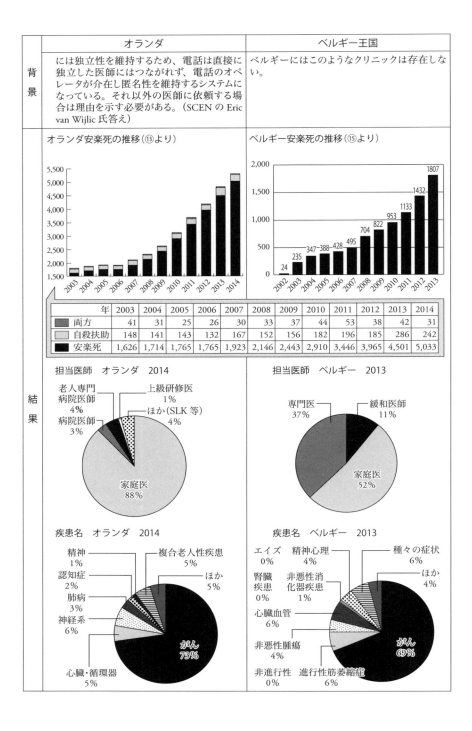

ルクセンブルク大公国	世界
	【カナダ】 2015年2月カナダ最高裁判決で、カナダ刑法の自殺幇助規定の違憲判決 ⇒ケベック州終末期ケア法（介助自殺法）施行

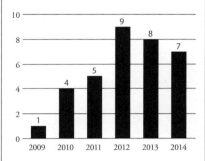

ルクセンブルク安楽死数の推移（⑯より）

【EU（Europarat ヨーロッパ評議会）】
1999年6月「死病や死に臨む人の権利と尊厳の保護」という提言。積極的死の援助を明確に禁止。
2003年10月ベルギー・オランダ・スイスがヨーロッパ評議会で積極的死の援助をヨーロッパ世界で立法化することを要請。
2015年6月 欧州人権裁判所判決。医師の判断に従って生命維持装置の取り外し（フランス）を認める判決。

【宣言】
1973年患者の権利章典（アメリカ病院協会）「法律が許す範囲で治療を拒絶する権利がある」。
リスボン宣言（1981年）「患者は尊厳のうちに死ぬ権利を持つ」。
マドリッド宣言（1987年）「安楽死は倫理に反する。しかし末期症状にのプロセスを受け入れたいという患者の望みを医師が尊重することをさまたげるものではない」。
1992年世界医師会声明「治療を辞退する権利は患者の基本的権利」。

ヘムロック協会（1980年）
死の権利協会世界連合（1982年）

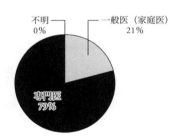

担当医師　ルクセンブルク　2009-14
不明 0%／一般医（家庭医）21%／専門医 79%

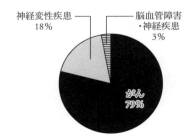

疾患名　ルクセンブルク　2009-14
神経変性疾患 18%／脳血管障害・神経疾患 3%／がん 79%

オランダ	ベルギー王国

結果

場所　オランダ　2014

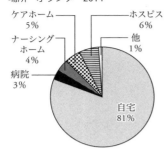

- ケアホーム 5%
- ホスピス 6%
- ナーシングホーム 4%
- 他 1%
- 病院 3%
- 自宅 81%

場所　ベルギー　2013

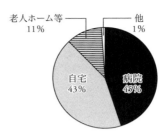

- 老人ホーム等 11%
- 他 1%
- 自宅 43%
- 病院 45%

オランダ安楽死の推移（オランダ政府、Van der Wal G.らの資料に基づく。）

	1990	1995	2001	2002	2005	2010
死者の総数	128,824	135,675	140,377		136,402	136,058
MDELs	48,700	55,100				
申し出	8,900	9,700	9,700		8400	9100
安楽死	2,300 486	3,200 1466	3,500 2054	1,882	2297 1765 (+25)	3859
自介助殺死	400	400	300	184	113 143	192
な願しい	1,000	900	900		550	310
APS	22,500	23,000			33700	49600
NTD	22,500	27,500			21300	24800

斜字の数字は審査委員会の報告数。

1933 = 1765 + 143 + 25……5つの審査委員会の受理件数の報告
2410……国家的規模の調査報告（2297 + 113）予測
王立医師会は介助自殺を選ぶように提言していた。
2010はCBS（オランダ中央統計局）の調査報告に基づく。
Euthanasia　1.7%（1990）, 2.4%（1995）, 2.6%（2001）→ 1.7%（2005）→ 2.8%、3,859件（2010）
Continuous deep sedation　5.6%（2001）→ 8.2%（2005）→ 12.5%、16,800人（2010）

自分で生命終結をする人の増加。飲食を断つ者600人（0.4%）、薬剤の服用275人（0.2%）、その他計 1.7%（A,van der Heide et al.）

- 2002年の全死の0.23%から2007年における0.49%
（安楽死増加　1.1%（2001年）から1.9%（2007年）に緩和ケアでの死は、22.0%から26.7%に。セデーションは8.2%から14.5%に（フランダース地方）。
- 比較的若い患者、ガンの患者
　ケースのほんの少数は（6.6%）非ターミナルな患者とかかわっていた。主として神経と筋肉を侵す病気だった。
- 2002年9月22日と2007年12月31日の間に報告された安楽死ケースは全部で1917例。すべてのケースの中の83.3%がオランダ語を語る医師たちにより報告された。16.7%がフランス語を語る医師により報告された。
- Study of euthanasia requests in Belgium since implementation of the euthanasia law（ベルギーにおける3,006医師の調査）回収率：34%（n=914）
- かつて安楽死の要求を受けたかどうか、そして彼らが患者から受けた安楽死のもっとも最近の要求を書くこと。363の要求があった。
- 結果：安楽死を要求するこれらの患者の43.9%が理由として尊厳の喪失を挙げた。

安楽死法の実施以降安楽死を要求する患者が挙げた心理学的理由（n=363）一つ以上の答えが可能

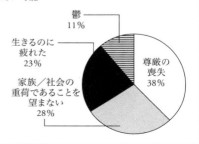

- 鬱 11%
- 生きるのに疲れた 23%
- 家族／社会の重荷であることを望まない 28%
- 尊厳の喪失 38%

ルクセンブルク大公国

場所　ルクセンブルク　2009-14

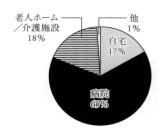

EU評議会：安楽死調査（2003年1月）		
	はい	いいえ
安楽死への指針・ガイドラインの整備	10	14
自殺幇助への指針・ガイドラインの整備	7	21
安楽死に関する法律	10	21
安楽死は可能か	1（ベルギー）	24
自殺幇助に関する法律	15	15
国家委員会はあるか	3（イタリア・英・オランダ）	
リヴィングウイル・アドバンスディレクティブの整備	クロアチア・デンマーク・独・ポーランド・英・グルジア	18

出典：Council of Europa, 20.01.2003, Steering committee on Bioethics, Replies to the questionnaire for member States relating to euthanasia

法施行後、2014年までで、34件届け出。うち、専門医が27件、病院での死亡が22件。

法のもっとも重要なメッセージは、積極的死の介助は法的に規定された前提の下で犯罪性を取り除かれるということである。これは20年にわたる議論と立法過程の終わりである。そのさいにいかなる個別的ケースも公開された議論の中心になかった。個人の運命ではなくて、原則をめぐる問い、「患者の権利」対「生命の保護」、「個人の自己決定」対「宗教的価値義務」、最後に良心の自由といかに人間は死ぬことに際してその尊厳を維持するのかが、死の介助をめぐる改革への議論を焚きつけた。

安楽死法の1条1項は安楽死を医師により行われた行為、ある人の生をその人の明確な自発的な願いで意図的に終える行為として定義している。安楽死法の1条2項は介助自殺を明確な自発的願いの結果行われた意図的な介助、あるいは他人が自殺するための手段の用意のどれをも理解している。この法の定義から二つの重要な観点が生じる。一つに、脱犯罪化された安楽死の適用領域は医師に制限される。安楽死を行う他の人格の誰もが、殺害の故に、ないし殺害の介助の故に罰せられる（ルクセンブルク刑法392条「殺人罪」。）もう一つに、立法者たちはドイツにおいて当たり前の積極的安楽死と消極的安楽死の区別を少しも顧慮しない。

「重い、治療し得ない病気」と「逃げ道のない医学的状況」
　2条1項3　安楽死行為の実質的な核を含んでいる。患者の医学的状況。法は、患者が、病気あるいは事故の結果、逃げ道のない（絶望的な）医学的な状況におかれている、そして改善へのいかなる見込みもない、持続的な、耐え難い身体的かつ精神的苦悩にさらされているということを前提する。

	オランダ	ベルギー王国
結果	2005年に癌でセデーションは全体の47%（2001年は33%）。83%がbenzodiazepin、94%が1週間以内に致死。9%が安楽死を要請。しかし要請は応じられなかった。医師の9%がセデーションの専門医に相談。	患者の病状による安楽死を要求するために挙げられた理由

オランダ regional euthanasia review committees報告

		2014	2013	2012	2011	2010
	届け出件数	5,306	4,829	4,188	3,695	3,136
	安楽死	5,033	4,501	3,965	3,446	2,910
	介助自殺	242	286	185	196	182
	両方	31	42	38	53	44
担当医	ホームドクター	4,678	4,281	3,777	3,329	2,819
	病院医師	175	213	171	212	193
	老人専門病院医師	191	193	166	139	115
	上級研修医	25	13	21	15	9
病名	がん	3,888	3,588	3,251	2,797	2,548
	循環器	247	223	156	114	158
	神経系	317	294	257	205	75
	ほか	773	627	482	394	237
	認知症	81	97	42	—	—
場所	自宅	4,309	3,800	3,335	2,975	2,499
	病院	171	240	194	189	182
	ナーシングホーム	184	160	139	111	109
	ケアホーム	239	268	206	172	127
	ホスピス他	403	361	314	248	219
	SLK	227	107	32		
	注意義務違反	4	5	10	4	9

規定に満たない安楽死とは主としてセカンドオピニオンを得ていないケース。
家庭医が行う。患者の意思や苦しみなどの判断がしやすい。

安楽死は家族も了解。神経筋遮断薬や、バルビツール酸系睡眠鎮静薬
安楽死が法制化されてもダム決壊はなかった。
弱者マイノリティーが安楽死するということはなかった。
緩和的鎮静の際、食事や水分を与えられずに。
緩和的鎮静は死ぬ1週間前に行われることが多い。
安楽死は発症後間もなく、尊厳と自律性。
安楽死の実践を律してきた規則や手順を成文化するもの。この規則や手順は医療専門職において生じた。
精神病の患者に対する可能性としてはほとんど議論されなかった。そのような患者に介助自殺を行うケースは1年に5ケースより少ない。

ベルギー王国 安楽死を要求するために挙げられた理由

	尊厳の喪失 (n=154)	重荷であることを望まない (n=113)	生きるのに疲れた (n=92)	抑鬱 (n=43)
癌	120	68	92	43
COPD 慢性閉塞性肺疾患	4	5	6	4
AIDS	2	0	2	2
CVA	3	2	2	2
MS/ALS	10	5	2	2
心臓病	4	6	5	2
痴呆	2	3	2	0
精神病	3	12	7	8
一般的悪化	0	11	18	8
その他	14	9	6	4
複合的病状	0	3	12	7

安楽死の1,917例が報告された。2002-2003においては躁鬱は0、2004年から5年で3ケースがアルツハイマー。2006年から7年ではアルツハイマー病の2ケースと、vascular dementiaの1例が報告された。1917ケースのうち、6ケースが鬱を持った患者。(Luc Deliensらの調査より：③)

- 立法化以降毎年増えている。患者はしばしば若く、男で、ガンで、家で死んだ（死の総数と比べて）。しばしばbarbiturateで。ほとんどすべての患者で「耐え難い身体的苦痛（95.6%）、あるいは心理的苦痛（68%）」があった。ほんの少しは（6.6%）終末期ではなかった。神経難病だった。
- 安楽死の多数はオランダ語を話す地方（フランダース地方）で、フランス語を話す医師により報告されたのは17%。
- 医師たちはほとんどすべての安楽死のケースで耐え難い苦痛を報告した。しかし、われわれの報告された苦痛が治療のターゲットであったかどうかわれわれにはわからない。
- それにもかかわらずわれわれの結論は再確認する。生の終わりに苦痛と身体的症状の除去だけでなく、また緩和ケアにおける心理的観点を統合することの重要性を。われわれは結論することができる。安楽死は生の最終段階における最終解決として若い患者、ガンの患者により通常選ばれている。滑り坂論法を支持するいかなるしるしもない。さらに、終末期でない患者からの安楽死の要請はベルギーの安楽死法のもとで、同じ注意深い基準の下で認められ得る。
- 医師が侵さない犯罪がなんであるかを明確にしていない。ベルギーの刑法は要請に基づ

ルクセンブルク大公国	
「絶望的な医学的状況」という特徴はそのさい、法の適用範囲を制限する目標を持つ。それに対して慢性的な病状のどれもが「重く治癒しえない病気」と見なされうる。立法者の意図に従うとこれらは安楽死ー行為を正当化するものではない。法のモチーフでは、重い糖尿病、腎不全あるいはエイズが挙げられる。 二つの法（安楽死法と緩和ケア法）を並べると、法の不確かさの観点をもたらす。それは法の適用の領域を規定する種々の概念の使用から生じている。「絶望的な医学的状況」、「重く治癒し得ない病気」、「最終ステージにある困難な治療不可能な病気」。法のモチーフに従うと、後者は、「絶望的な医学的状況」と同じ意味である。 出典：⑥及びインタビュー 　　　　　（以上ルクセンブルク終わり）	

	オランダ	ベルギー王国
結果	**持続的な深い鎮静（CDS）対安楽死：相違点** 		CDS	安楽死
行為	鎮静剤ベンゾジアセピン）で意識レベルを下げる	バルビツール酸系剤や筋弛緩剤で生命を短縮
目的	苦痛を減らす	死
徴候	耐え難い難治性の症状	耐難い苦改善の見込みのない苦痛
余命	2週間以下	法的制限なし
患者の同意	可能なら	自発的で熟慮した依頼
自然死	Yes	No | **持続的な深い鎮静と安楽死：実施における相違点** |	CDS	安楽死
診断	ガン 50% 慢性閉塞性肺疾患 25%	ガン 80%
平均年齢	72歳	63歳
場所	病院、養護施設	自宅
苦痛	身体症状に焦点	尊厳／見込のない苦痛／依存状態に焦点
死期を早める	25% (73%＜1週間)	100% (78%＜1か月)
安楽死の依頼	30%	100%	 （上記：A. van der Heide, 富山講演 '09.11.17 より。所収：生命倫理研究資料集Ⅳ、富山大学、2010、187-217） 経管栄養は人工的な栄養補給であり、末期患者に対してはむしろ有害（むくみの原因等）で苦痛を加え死期を延期する行為と考える。また患者は治療を拒否する権利を持っており、医師は患者の権利を尊重するべきである。(SCENのEric van Wijlic 氏答え。⑩) ○オランダ「耐え難い苦痛 unbearable suffering」について Donald van Tol et al., Judgement of unbearable suffering and willingness to grant a euthanasia request by Dutch general practitioners, *Health Policy*, Elsevier, 2010より。一般医への調査（115、回収率38%）苦痛が直接治療しえない現実の苦痛あるいは身体的症状へ関わっているとき、unbearable として患者の苦痛を分類する傾向がある。安楽死への権利を含まないという厳密な状況の下で医師に患者による安楽死への要請を聞き入れることを認める。医師は拒むかも知れないので。	いて殺すことを犯罪とみなさなかった。最近まで患者の生を終結する医師の訴追はなされなかった。(⑦) ○オランダ、ベルギーの医師のライフスタンス 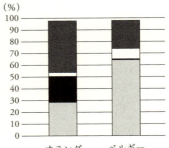 □ カトリック　□ 無宗教・特有の哲学 ■ プロテスタント　■ 無宗教・特有の哲学を持たない J Cohen et al, Influence of physicians' life stances on attitudes to end-of-life decisions and actual end-of-life decision-making in six countries, *J Med Ethics*, 2008, 34, 247-253 より抜粋。 ベルギーの安楽死調査のしくみ（⑭、p.35より） 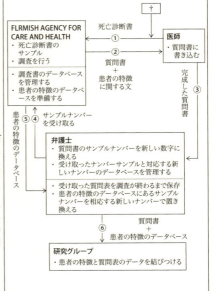

出 典

① Judith A.C. Rietjens et al.:Two Decades of Research on Euthanasia from the Netherlands. What We Learnt and What Questions Remain? *Bioethics Inquiry* (2009) 6: 271-283.
② Hilde M. Buiting: *Euthanasia and other medical decisions at the end of life societal control and cultural aspects*, Erasmus, 2009.
③ Tinne Smets et al.: Legal Euthanasia in Belgium Characteristics of all Reported Euthanasia Cases, *Medical Care* (2010) 48: 187-192.
④ B.Broeckaert: Belgium; Towards a Legal Recognition of Euthanasia, *E.J. Of Health Law* (2001) 8: 95-107.
⑤ Luc Deliens 私信 (2010.7.)
⑥ Stefan Braum: Sterbehilfe in Luxemburg: vorgeschichte, Inhalt und Auswirkungen des nuen Gesetzes, (Euthanasie et assistance au suicide au luxembourg: antécédents, contenu et effets de la nouvelle loi, *Annales du droit Luxembourgeois* (2009) 19: 220-236.)
⑦ Herman Nys – Center for Biomedical Ethics and Law, Faculty of Medicine : *A comparative analysis of the law regarding euthanasia in Belgium and the Netherlands*, K. U. Leuven & Maastricht University
⑧ Tinne Smets et al., The medical practice of euthanasia in Belgium and The Netherlands: Legal notification, control and evaluation procedures, *Health Policy* 90 (2009), Elsevier, 181-187
⑨ ZonMw, *Sterfgevallenonderzoek 2010: Euthanasie en andere medische beslissingen rond het levenseinde*, 2012. 06
⑩ Eric van Wijilick, *Medical decisions at the-end-of-life in the Netherlands* 1973-2012, Utrecht, 23th of August 2012
⑪ Tinne Smets, *The Euthanasia practice in Belgium*, VUBPress, 2010
⑫ Els Inghelbrecht, *Attitudes & Role of Nurses in Euthanasia and other Medical End –of-Life Decisions*, VUB Press, 2010
⑬ Regionale Kontrollkommissionen *Jahresbericht* 2003-2014
⑭ Kenneth Chambaere, Medical end-of-life practices in Flanders and Brussels,Belgium, VUB Press, 2010
⑮ COMMISSION FEDERALE DE CONTROLE ET D'EVALUATION DE L'EUTHANASIE, Sixieme rapport aux Chambres legislatives (2012-2013)
⑯ ルクセンブルク国立監督評価委員会「第三次報告書（2013年—2014年）」に基づく、本書資料編 193-5 頁

結果

オランダ

苦痛の判断と要請を聞き入れることをいとわないことの一致

Case	要請に応じる	耐え難い苦痛 Yes	耐え難い苦痛 No	一致(%)
基準のケース	Yes	103	1	91
	No	9	0	
極端な依存症中毒	Yes	55	15	87
	No	0	42	
尊厳の喪失	Yes	43	7	86
	No	10	50	
親族への重荷	Yes	31	7	88
	No	6	66	
未来の死への恐怖	Yes	27	16	81
	No	4	62	
生きるのに疲れた	Yes	16	8	90
	No	3	82	
人格的完全性の喪失	Yes	1	3	96
	No	1	109	
全体	Yes	276	57	88
	No	33	411	

耐え難い苦痛のボーダーラインをどこに引くかという問題は、オランダ安楽死法のアキレス腱であり、注意が注がれている。

　オランダでは10年間で25例のアルツハイマー病患者が安楽死の対象となった。精神疾患は数例。非常に少数。癌患者の安楽死判定よりもずっと多くの医師が適応決定に関わっている。例えば、精神科医、安楽死の専門医、第3の医師。アルツハイマー病患者の意思決定時期は難しい。病初期はまだ生きていたいと思っている。痴呆症状が固定したときには意思決定ができない。初期と晩期の間、意識清明な日とそうでない日があるような病期に、患者が安楽死の明確な意思表示をするかどうか。(SCENのEric van Wijlic氏答え。⑩)

ベルギー王国

ベルギー、フランダース地方における医療上の生命終結の頻度⑭、p.49

年	1998	2001	2007
死の総数	56,354	55,793	54,881
ケーススタディの数	3,999	5,005	6,202
返答率(%)	48.2	58.9	58.4
分析された死の数	1,925	2,950	3,623
突然死(%)	33.3	34.1	31.9
医療上の生命終結(%)	39.3	38.4	47.8
致死薬を用いての介助死	4.4	1.8	3.8
安楽死	1.1	0.3	1.9
介助自殺	0.12	0.01	0.07
患者の明白な意思なし	3.2	1.5	1.8
苦痛の緩和	18.4	22.0	26.7
生命維持装置の差し控え・取り外し	16.4	14.6	17.4
深い鎮静	NA	8.2	14.5

資 料 編

1　オランダ　　　　　　　　　　　　　　　　　　　　　ベイツ裕子訳

1　2001年・要請に基づく生命終結および自殺幇助（審査手続）法
　　　　　　　　　　　　　　　　　　　　　　　　　　　　　　甲斐克則訳
2　安楽死審査委員会の手続き
3　安楽死審査委員会（＝ RTE）2014 報告から
4　Code of Practice（実施手引き書）訳

2　ベルギー　　　　　　　　　　　　　　　　　　　　　　本田まり訳

1　2005年11月10日の法律により補足された（第3条の2を参照）、安楽死に関する2002年5月28日の法律
2　2002年6月14日 ── 緩和ケアに関する法律
3　安楽死に関する事前の宣言書
4　安楽死を未成年者に拡張することを目的として、安楽死に関する2002年5月28日の法律を改正する2014年2月28日の法律

3　ルクセンブルク　　　　　　　　　　　　　　　　　　　小林真紀訳

1　緩和ケア、事前指示および終末期の付添いに関する2009年3月16日の法律
2　安楽死および自殺幇助に関する2009年3月16日の法律
3　ルクセンブルク安楽死法の制定過程
4　国立監督評価委員会「安楽死および自殺幇助に関する2009年3月16日の法律　第三次報告書（2013年－2014年）」（抜粋）
5　終末期の意向書のモデルについて

1 オランダ

（翻訳　ベイツ裕子）

1　2001年・要請に基づく生命終結および自殺幇助（審査手続）法

正式名称は Review procedures of termination of life on request and assisted suicide and amendment to the Penal Code（Wetboek van Strafrecht）and the Burial and Cremation Act（Wet op de lijkbezorging）であり、略称、Termination of Life on Request and Assisted Suicide（Review Procedures）Act）（前文および後文は略）。オランダ語の原文（Wet toetsing levebsbeeindiging op verzoek en hulp bij zelfdoding）も参照したが、ここでは　英語版に拠った。本法は、2002年4月1日に施行された。

第Ⅰ章　用語の定義
第1条　本法の目的について
　a　大臣とは、司法大臣および保健福祉スポーツ大臣のことをいう。
　b　自殺幇助（assisted suicide）とは、刑法第294条第2項第2文で規定された、故意に他人の自殺を幇助すること、またはその手段を他人に提供することをいう。
　c　医師とは、申告手続に従って要請に基づいて生命終結を行い、または自殺を幇助した医師のことをいう。
　d　相談医（consultant）とは、要請に基づいて生命終結を行い、または自殺を幇助する意図を有する医師から相談を受けている医師のことをいう。
　e　ケアの提供者とは、民法第7編第44条第1項に規定されたケアの提供者のことをいう。
　f　委員会とは、第3条に規定された地域審査委員会のことをいう。
　g　地域監督官（regional inspector）とは、全国医療監督局（Public Health Supervisory Service）の地域医療監督局監察官（regional inspector of the Health Care Inspectorate）のことをいう。

第Ⅱ章　相当の注意の要件
第2条　①　刑法第293条第2項に規定された相当の注意（due care）の要件とは、以下のことをいう。

 a　医師が、患者による要請が自発的で熟考されたものであることを確信していること。
 b　医師が、患者の苦痛が永続的なものであり、かつ耐え難いものであることを確信していること。
 c　医師が、患者の病状および予後について患者に情報提供をしていること。
 d　医師および患者が、患者の病状の合理的な解決策が他にないことを確信していること。
 e　医師が、その患者を診断しかつ上記aからdまでに規定された相当の注意（due care）の要件について書面による意見を述べたことのある、少なくとも別の1人の独立した医師と相談していること。および、
 f　医師が、相当の注意（due care）を尽くして生命終結を行うかまたは自殺幇助をしたこと。
② 16歳以上の患者が自己の意思をもはや表明できないが、この状態に陥る前に自己の利益について合理的な判断をすることができるとみなされ、かつ生命終結のための要請を含む書面による宣言書を作成していた場合、医師は、この要請に従うことができる。第1項で規定された相当の注意（due care）の要件は、これを準用する。
③ 未成年の患者が16歳以上18歳未満であって、かつ自己の利益について合理的な判断をすることができるとみなされる場合、医師は、親権を行使する片親もしくは両親および／または後見人が意思決定に関与した後に、生命終結または自殺幇助を求める患者の要請に従うことができる。
④ 未成年者が12歳以上16歳未満であって、かつ自己の利益について合理的な判断をすることができるとみなされる場合、医師は、親権を行使する片親もしくは両親および／または後見人が生命終結または自殺幇助に同意するときはいつでも、患者の要請に従うことができる。第2項は、これを準用する。

第Ⅲ章　要請に基づく生命終結および自殺幇助のための地域審査委員会

第1節　設置、構成および任命

第3条　① 刑法第293条第2項もしくは第294条第2項第2文にそれぞれ規定する、要請に基づく生命終結および自殺幇助の事案の申告の審査のために、地域委員会を設置する。
② 委員会は、奇数の委員によって構成され、また、いかなる場合にも、委員

長を兼任する法律専門家1名、医師1名、および倫理学または哲学の問題に関する専門家1名を含むものとする。

　委員会はまた、第1文に掲げられた委員およびそれぞれの代理委員で構成される。

第4条　①　委員長、委員、および代理委員は、6年の任期で、大臣がこれを任命する。再任は1回とし、6年の任期とする。ただし、哲学の問題（philosophical issues）」という語は、オランダ語の原文では「zingevingsvraagsturkken」であり、有意義な人生にとって必要なことに関する議論を指すものとして用いられる。

②　委員会には、法律専門家である書記1名および代理書記1名以上を置くものとし、大臣がこれを任命する。書記は、委員会の会合において助言の役割を果たすものとする。

③　書記は、委員会のための職務についてのみ委員会に対して責任を負うものとする。

第2節　解　任

第5条　大臣は、いかなる場合も、委員長、委員および代理委員を彼らの要請に基づいて解任することができる。

第6条　大臣は、不適格もしくは無能力もしくはその他の重大な事由があると認められるときは、委員長、委員および代理委員を解任することができる。

第3節　報　酬

第7条　委員長、委員および代理委員は、報酬、旅費および滞在費を、現行の国家規則に従って受け取るものとする。ただし、その他の理由で、これらの出費に対する支払いが国庫からなされる場合は、この限りではない。

第4節　義務および権限

第8条　①　委員会は、要請に基づく生命終結を行いまたは自殺を幇助した医師が、第2条に規定する相当の注意（due care）の要件を遵守して行為していたか否かを、遺体処理法第7条第2項に規定する報告書に基づいて評価する。

②　委員会は、医師の行為の適切な評価のために必要がある場合は、書面または口頭で報告書を補充するよう医師に要請することができる。

③　委員会は、医師の行為の適切な評価のために必要がある場合は、自治体の検死医、相談医、もしくは当該ケアの提供者に対して照会することができる。

第9条　①　委員会は、第8条第1項に規定する報告書を受け取った後、6週

間以内に、理由を付した書面による審査結果を医師に通知するものとする。
② 委員会は、以下の場合に、その審査結果を高等検察庁検事長会議（Board of Procurators General）および地域医療監督官に通知するものとする。
　a 医師が、第2条に規定する相当の注意（due care）の要件を遵守して行為することができなかったと委員会が判断した場合。または、
　b 遺体処理法第12条の新たな最後の文に規定されたような状況が生じた場合。
③ 第1項で規定された期間は、1度に限り、最長で6週間まで延長することができる。委員会は、このことを医師に通知しなければならない。
④ 委員会は、その審査内容を医師に対して口頭でより詳細に説明することができる。この口頭による説明は、委員会の要請または当該医師の要請に基づいて行うことができる。

第10条　委員会は、以下のいずれかの場合には、検察官の請求により、すべての情報を提供しなければならない。
① 第9条第2項に規定する事案の医師の行為の評価のために必要がある場合。または、
② 犯罪捜査のために必要がある場合。
　委員会は、検察官に対する情報提供について当該医師に通知しなければならない。

第6節　作業方法
　＊〔順番からいくと第5節だが、条文の原文にもともと第5節はない：訳者〕

第11条　委員会は、評価のために報告された要請に基づく生命終結および自殺幇助のケースの記録を確保しておかなければならない。大臣は、これに関する詳細な規則を省令によって制定することができる。

第12条　① 審査結果は、投票による単純多数決で採択される。
② 審査結果は、全委員が投票に参加した場合にのみ、委員会によって採択される。

第13条　各地域委員会の委員長は、少なくとも1年に2度、委員会の作業方法および役割について相互に協議するものとする。協議には、〔高検〕検事長会議の代表者および全国医療監督官の代表者を招待することができる。

第7節　秘密保持および免除
第14条　委員会の委員および代理委員は、自己の任務の遂行にあたって利用

したデータの秘密を保持する義務を有する。ただし、何らかの制定法規がこれらの者に通知を義務づけている場合、もしくは職務上、通知の必要がある場合は、この限りではない。

第15条　事案の処理に当たり委員会に出席する委員が、審査結果の公平性に影響を与えうる事実または事情を有する場合は、義務を免除されるか、もしくは忌避されうる。

第16条　委員会の委員、代理委員および書記は、要請に基づく生命終結または自殺幇助を実施しようとする医師の決意についての評価を控えるものとする。

第8節　報　告

第17条　①　委員会は、毎年4月1日までに、前年度の活動に関する共同年次報告書を大臣に提出するものとする。大臣は、省令によってこのための書式を作成しなければならない。

②　第1項で規定された活動に関する報告書は、いかなる場合も、以下の事項を含まなければならない。

　a　委員会が審査した、要請に基づく生命終結および自殺幇助の事案の報告件数。

　b　これらの事案の特徴。

　c　審査結果および審査内容。

第18条　大臣は、毎年、国会に対する予算の提出時に、第17条第1項に規定された活動に関する報告書を参照して、委員会の役割に関してより詳細に報告をしなければならない。

第19条　①　大臣の勧告に基づいて、以下のことに関する委員会の規則が政令によって規定されなければならない。

　a　委員会の数およびその関連する所轄権限。

　b　委員会の設置場所。

②　大臣は、政令で、もしくは政令に従って、委員会に関する以下の詳細な規則を制定することができる。

　a　委員会の規模および構成。

　b　委員会の作業方法および報告書。

第Ⅳ章　その他の法律の改正

第20条　刑法典は、以下のように改正されるものとする。
　A
　　第293条は、以下のように規定される。
　　第293条　①　他人の明示的かつ真摯な要請に基づいて故意に生命を終結させた者は、12年以下の拘禁刑または第5カテゴリーの罰金〔67,000ユーロ〕に処する。
　　②　第1項に規定された行為が、要請に基づく生命終結および自殺幇助に関する（審査手続）法第2条に規定する相当の注意（due care）の要件を遵守した医師により実施され、かつ遺体処理法第7条第2項に従って自治体の検死医に申告されたときは、犯罪とならない。
　B
　　第294条は、以下のように規定される。
　　①　故意に他人の自殺を教唆した者は、自殺が実行されたときは、3年以下の拘禁刑または第4カテゴリーの罰金〔18,500ユーロ〕に処する。
　　②　故意に他人の自殺を幇助し、またはその手段を提供した者は、自殺が実行されたときは、3年以下の拘禁刑または第4カテゴリーの罰金〔18,500ユーロ〕に処する。第293条第2項は、これを準用する。
　C
　　第295条には、第293条に対応して、第1項が挿入される。
　　＊〔本条は、謀殺および故殺等の有罪者の諸権利の剥奪を規定した条項である：訳者〕
　D
　　第422条には、第293条に対応して、第1項が挿入される。
　　＊〔本条は、累犯加重を規定した条項である：訳者〕
第21条　遺体処理法は、以下のように修正される。
　A
　　第7条は、以下のように規定される。
　　第7条　①　死亡を診断した者は、それが自然な原因の結果として生じたものと確信したときは、死亡診断書を交付しなければならない。
　　②　死亡が、刑法第293条第2項または第294条第2項第2文に規定する要請に基づく生命終結または自殺幇助の結果であるときは、担当医は、死亡診断書を交付することなく、ただちに死因を書式に記入し、自治体の検死医に申告しなければならない。申告に際して、当該医師は、要請

に基づく生命終結および自殺幇助（審査手続）法に規定された相当の注意（due care）の要件を遵守した旨の詳細な理由を付した報告書を添付しなければならない。
　③　担当医は、第2項で規定された以外の事案で、死亡診断書を交付できないと考えられるときは、ただちに書式に記入し、自治体の検死医に申告しなければならない。

B
　第9条は、以下のように規定される。
　第9条　①　担当医および自治体の検死医によって交付される死亡証明書の書式は、政令によって規定されなければならない。
　②　第7条第2項に規定する申告および報告書、第7条第3項に規定する申告および報告書、および第10条第1項と第2項に規定する申告および報告書のモデルの書式および構成は、司法大臣および保健福祉スポーツ大臣の勧告に基づいて政令により規定されなければならない。

C
　第10条は、以下のように規定される。
　第10条　①　自治体の検死医は、死亡診断書を交付すべきでないと考えるときは、ただちに書式に記入し、検察官に報告し、また出生・死亡・結婚登録係に申告しなければならない。
　②　第1項とは別に、自治体の検死医は、第7条第2項に規定する申告があったときは、ただちに書式を完成させて、要請に基づく生命終結および自殺幇助（審査手続）法第3条に規定する地域審査委員会に報告書を提出するものとする。自治体の検死医は、第7条第2項に規定された詳細な報告書を添付するものとする。

D
　第12条には、以下の1文が追加されるものとする。「第7条第2項に該当する事案において、検察官が、埋葬または火葬に異議がない旨の証明書を交付することができないと思料するときは、要請に基づく生命終結および自殺幇助（審査手続）法に規定する自治体の検死医および地域審査委員会に対し、ただちにその旨を通報しなければならない」。

E
　第82条の1において、「第7条第1項」は、「第7条第1項および第2項」

に置き換えるものとする。

第 22 条　行政一般法（General Administrative Law Act: Algemene wet bestuursrecht）は、以下のように修正されるものとする。

　第 1 条第 6 項の d の末尾で、終止符をセミコロンに置き換え、第 5 として以下の e を追加するものとする。

　　e　要請に基づく生命終結および自殺幇助（審査手続）法の施行における決定および措置。

第 V 章　終局規定

第 23 条　本法は、勅令で定められた期日に発効する。

第 24 条　本法は、要請に基づく生命終結および自殺幇助（審査手続）法（Termination of Life on Request and Assisted Suicide (Review Procedures) Act）として引用される。

　本法を法令集に記載し、すべての省庁、官庁、団体や関係者、当事者は全員正確に実施しなければならないとここに指示し、命ずる。

司法大臣
保健福祉スポーツ大臣
上院議会　2000-2001 年度　26 691, no 137

　　　　　　　　　　　　　　　　　　　　　　（甲斐　克則訳）

（ペーター・タック『オランダ医事刑法の展開』（甲斐克則訳、慶応義塾大学出版会、2009、所収、一部修正）

記

　2012 年 10 月より、カリブ海の海外特別自治体、つまり BES 諸島：ボネール島、サバ島、セント・ユースタティウス島においても安楽死法は適用されることとなった。これに伴い、19 条のあとに、第Ⅲ章 A として、この章で定める通りに遵守されるものとして適用される旨追記された。

　　　　　　　　　　　　　　　　　　　　　　（ベイツ裕子記）

2　安楽死審査委員会の手続き

出典：http://www.euthanasiecommissie.nl/procedure/proceduretekst.asp

1. 医師は報告書と共に、自治体の検死官にすぐに報告しなければならない。
2. 地方検死官はすべての書類と必要に応じて添付書類も添えて地域の安楽死審査委員会に送る。
   ■医師が作成した、(安楽死審査委員会の規定に沿った) 報告書
   ■意思表明書
   ■埋葬法条項10に沿った書類
3. 委員会書記は、
   ■関係書類を委員会のために作成された特別データベースに入力する。
   ■裁定の原案を起草する。
   ■すべての関係書類と裁定の原案のコピーを委員会の構成委員に送る。
4. 委員会は6週間以内にその案件について話し合い裁決する。
   ■必要に応じてさらなる情報を医師、相談医、検死官に求める。当該医師に面談を求めた場合は、1度だけ期間を6週間延長できる。
   ■最終的な裁定は委員長と書記長によって署名される。

手順が注意深さの要件に沿って実行されたと裁定された場合は実行した医師に知らされる。

別の裁定の場合は以下の手順を辿る。委員会は次に述べる機関とコンタクトを取る。
1. (当該) 医師
2. 査察官。査察官が地域の懲戒委員会にて調査を開始する。
3. 検察官で構成される団体
   ■棄却
   ■主任検察官が司法調査を開始する。この結果は、「訴追なし」の裁定。
あるいは、案件は刑事裁判に移行する。

図版 http://www.euthanasiecommissie.nl/procedure/

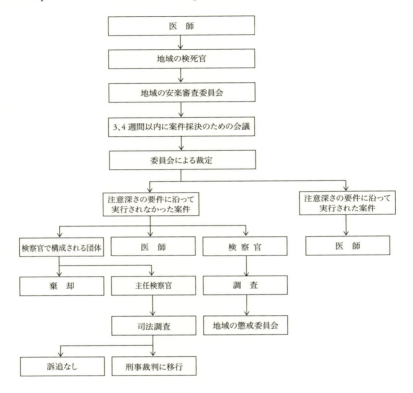

● 「手続きの開始にあたって」

http://www.euthanasiecommissie.nl/procedure/startprocedure/

医師は自然死でない場合は必ず地方自治体の検死官に報告しなければならない。安楽死や介助自殺は、自然死ではないため報告が必要である。検死官は検死結果を安楽死審査委員会に報告する。

検死官に報告するにあたって、医師は整った報告書を提出する。医師は注意深さの要件を遵守して、患者の安楽死あるいは介助自殺要請を承諾し実行したとする詳しい説明が、報告書に記載されている。報告書作成にあたり、医師は、安楽死審査委員会が作成した報告書モデルの定型書類に記入することもできる。

検死官が死体を診て、どのように、どの薬剤で生命が終結したかを確認、そ

して、必要書類を集め照合する。次に、検死官は埋葬あるいは火葬の許可を出す検察官に連絡する。その後、検死官は書類を地域の安楽死審査委員会に送る。

　安楽死審査委員会は、報告された案件を、当該医師の報告書、相談医の報告書、存在するならば、書面による意思表明書、および患者カルテあるいは専門医の報告書を基に裁定する。委員会が質問をする時は、書面、あるいは電話で行う。医師や相談医が面談に呼ばれる可能性もある。

関連文書（Gerelateerde documenten）
＊実行した医師が作成する報告書の定型モデル
＊実行した医師が検死官に報告する報告書の定型モデル
＊検死官が審査委員会に提出する報告書の定型モデル

●手続きの後で　http://www.euthanasiecommissie.nl/procedure/nadeprocedure
　安楽死審査委員会は、医師が注意深さの要件を満たしていたか否か裁定する。2種の裁定が可能である。
　医師は、注意深さの要件を満たしていた。
　安楽死審査委員会のこの裁定は、医師が安楽死あるいは介助自殺の依頼を安楽死法に基づき、注意深さの要件を満たして承諾・実行したことを意味する。これは最終的裁定である。この案件はこれで終了である。
　医師は、注意深さの要件を満たしていなかった。
　安楽死審査委員会のこの裁定は、医師が安楽死あるいは介助自殺の依頼を安楽死法に基づき、注意深さの要件の条件を満たして承諾・実行しなかったことを意味する。安楽死審査委員会は、この裁定を検察官で構成される団体及び健康管理局の査察官に報告する義務がある。それらの機関は、職権と責任においてどのような手順を取るべきか医師に指示する。

（ベイツ裕子　訳）

3　安楽死審査委員会(＝RTE)2014報告書から

2014年の安楽死審査委員会報告書（総計87ページ）からいくつか重要な項目をピックアップして、安楽死施行後の現在の問題点を取り出す。
Regionale toetsingscommissies euthanasia Jaarverslag 2014

報告数

2014年に安楽死審査委員会（以下RTE）は5,306件の安楽死（要請に基づく生命終結および自殺幇助）の報告を受け取った。2013年の4,829件に比べて、2014年にRTEが受け取った報告数は10%の増加である。地域別報告数の詳細については、第2章に記載されている。RTEは、すべての報告に関して、安楽死を行った医師が、「要請に基づく生命終結および自殺幇助法（以下WTL）」の第2条の注意深さの要件に従って実行したか否か審査した。0.1%以下に該当する4件において、RTEは注意深さの要件を満たしていないと裁定した。これらの裁定は第3章に案件として記載されている。その他の案件は、RTEはすべての注意深さの要件を満たして行われたと裁定した。いくつかの複雑の案件は第3章にて案件として記載されている。第4章は、RTEの業務について記載されている。

精神疾患

安楽死報告のうち41件が精神疾患による苦しみであった。2012年、2013年においてはそれぞれ、14件、42件だった。案件の増加は認められなかったと結論できる。41件の報告に関しては、2014年の年内に36件裁定された。それと共に、2014年には2013年に報告された14件が裁定された。故に、2014年は50件裁定されたことになる。医師が注意深さの要件を満たしていなかったと裁定されたのは1件だった。他のすべての案件は注意深さの要件を満たしていたと裁定された。報告された案件のうち、20件が精神科医による安楽死、30件が家庭医、専門医、老人科医による安楽死であった。安楽死クリニック（SLK）の医師による安楽死は19件だった。

2014年においては、精神疾患による安楽死報告の増加に注目が集まった。2014年の2月に、オランダ医師会は「精神疾患のある患者の安楽死」と題した概要報告書を発行した。オランダ第2院（下院、衆院）からの依頼を受けて、

保健福祉スポーツ大臣は RTE に精神疾患の案件をウェブサイトに記載するよう指示した。

　この項目に対する社会的関心は現在も持続しているため、案件はすべて匿名にしたうえで短い要約を添え、RTE もサイトに公開した。2014 年には、すでに 2013 年に報告されていた案件の裁定が RTE のサイトにて公開された。そして、2014 年 6 月 4 日に「安楽死と精神医学」と題しての円卓会議が行われた。

　2014 年 11 月の一般協議で、保健福祉スポーツ大臣は、オランダ精神医学会協会発行の「オランダ精神医学協会指針」において、すべての該当する医師に RTE のこの分野での専門知識が定着するように記すことを望んだ。2015 年初頭に、RTE 医師メンバーの欠員に精神科医が採用された。

　RTE は、2014 年 4 月 3 日に開催された毎年恒例のテーマ研修日に、「安楽死と精神医学」と題して、広範囲にわたる研修を行った。その際、外部の専門家も招待した。第 3 章に、精神科の問題で苦しんでいた案件が 3 件記載されている。

認知症

　2014 年には RTE は 81 件の認知症の苦しみによる安楽死の報告を受理した。2013 年は 97 件だった。殆どの案件が認知症初期のものであり、つまり、この時期はまだ、方向性や個性の喪失はなく、病気や症状に関して判断力があった。患者は安楽死要請において判断力があり、彼らのこれからの病状の展望を見通すことができた。SLK の案件は 14 件だった。81 件すべての案件は RTE によって注意深さの要件を満たしていると裁定された。これらの 81 件の認知症案件の他に、癌やパーキンソン病といった他の疾患が基本にあり、認知症も合併している案件も 12 件あった。これらの案件も RTE は注意深さの要件を満たしていると裁定した。

その他の動向、変化

書面による意思表明書とは

　（オランダ）社会での、安楽死における意思表明書の意味と価値（意義）の論議を受けて、保健福祉スポーツ大臣は、保健福祉スポーツ省、法務省、医師会のメンバーで構成される公式のワーキンググループ「安楽死における意思表明書」を設立した。この公式ワーキンググループには、安楽死法、第 2 条②[1] の記載にある、自己の意思をもはや表明できない状態に陥った患者の、意思表明書の、法的、臨床的な意味に関して、よりはっきりした見解を示すという課題

が与えられた。

　このワーキンググループの業務は3つの段階に分けられる。2014年7月4日のワーキンググループ報告書に記載された第1段階である、安楽死法の第2条②の立法経緯、議会の議論の分析の調査結果、及び、第2段階である、判例の分析の調査結果を、保健福祉スポーツ省大臣は下院に知らせた。安楽死法の立法経緯はワーキンググループが行った。判例の分析は、ロッテルダム、エラスムス大学法学科と、法務省所属の「科学的調査と文書・証拠書類課（WODC）」によって行われた。

　第3段階に関しては、臨床における難しい問題の概観、まとめを中央統計局[2]が行った。上記二つの分析と統計局の調査にはRTEも貢献した。

　ワーキンググループの最終目標は、2種の手引きの作成である。1つは医師や医療従事者への手引き、もう一つは市民や患者用の手引きである。2種の手引きの作成にあたって、RTEは協力している。市民や患者用の手引きは、2015年後半に出版予定である。

安楽死後の臓器提供

　患者が安楽死後の臓器提供を希望するとき、医師は一つの規則に直面する。安楽死によって死亡する患者の殆どは、彼らの疾患（悪性腫瘍が多い）の関係上、ドナーとはなれない。

　ドナーとして可能な場合もある。ALS,MSといった神経変性疾患、あるいは精神疾患の場合である。今日まで、この組み合わせ（安楽死と臓器提供）はオランダで10回以上行われた。この件に関しては、ベルギーではオランダよりも多く行われている。

　WTLでは、安楽死後の身体に関しての表明はなく、基本的には安楽死後の臓器提供には問題はない。臓器提供のリクエストに安楽死が影響する点としては、重要点として、安楽死が注意深さの要件をすべて満たして行われたと裁定された後に、臓器提供が可能であることである。

安楽死後の臓器提供は、安楽死を病院で行わなければならないこともあり、手続き（手順）の複雑な組み合わせとなる。それは、通常、患者が安楽死の前に病院に搬送されることを意味する。さらには、それらの手続きはそれぞれ独立したものでなければならない。しかしながら、手続きにかかる所要時間（所要期間）にもよるが、互いに良好に協調していなければならない。これは緊密な協力と連携が必要となる。

この調整を達成するために、プロセスが慎重に進む助けを目的として、いくつかの大学からのワーキンググループが作成した手引書がある。この手引書には、医師は、安楽死後に臓器提供を希望する患者をどのように対応するかが書かれている。RTE はこの手引書のドラフトにコメントした。

（ベイツ裕子　訳）

注
1　要請に基づく生命終結及び自殺幇助法の 2 条②とは、「16 歳以上の患者が自己の意思をもはや表明できないが、この状態に陥る前に自己の利益について合理的な判断ができるとみなされ、かつ生命終結のための要請を含む書面による宣言書を作成していた場合、医師は、この要請に従うことができる。第 1 項で規定された相当の注意の要件は、これを準用する。
2　中央統計局 ZonMw：厚生省などの要請で健康に関する調査をする公共的な団体。デン・ハーグに本部。

4　Code of Practice（実施手引き書）

　政府の要請に従い、安楽死審査委員会（RTE）は、2015年4月にcode of practice（実施手順書）を作成し、制定した。序文に以下のように書かれている。「このcode of practiceは、委員会が、報告された案件を法に沿って注意して審査するにあたっての各重要点の概要を説明している。code of practiceは、特に実施する医師及び相談医にとって重要である。しかしまた、患者やその他の関係者の情報ニーズを満たすこともできる。それと共に、各地域の安楽死委員会（RTE）が、自身で選択した生命終結についての地域社会における話し合いに対して積極的な貢献を提供することが狙いである」。そこで、code of practiceのなかから、「3.3.　永続的で耐え難い苦しみがあること」と「4.　いくつかの特別なトピック」のところを訳出した。

　　3.3.　永続的で耐え難い苦しみがあること
　　4.　いくつかの特別なトピック
　　4.1.　書面による意思表明書
　　4.2.　未成年の患者
　　4.3.　精神疾患のある患者
　　4.4.　認知症の患者
　　4.5.　知的障害のある患者
　　4.6.　失語症の患者
　　4.7.　昏睡／意識低下の患者
　　4.8.　安楽死と緩和的鎮静
　　4.9.　「生きることに疲れた」の問題性
　　4.10.　法律には述べられていない条件

3.3.　永続的で耐え難い苦しみがあること
苦しみの医学的基礎疾患
　医師は患者の苦痛が永続的なものであり、かつ耐えがたいものであることを確信していなければならない。Brongersma-判決（2002）において、高等裁判所の判決によれば、患者の苦しみの原因には医学的不調に根拠を見出さねばならないとした。不調は身体的なものでも精神的なものでもよい。

圧倒的な医学的問題（重篤な疾患）である必要はない。患者の苦しみは大きな健康上の問題と小さな健康上の問題の積み重ねの結果である可能性もある。健康上の問題の積み重ねとは、つまり、病歴に付随して、患者の成育歴、性格、価値観、患者の苦しみに対する耐久力も関連する。患者の苦しみとは、患者が耐えがたいと感じている苦しみのことである。

一般的には

　苦しみの定義は幅広い。苦しみとは痛みや息苦しさ、圧倒的な消耗、疲労の結果であるが、他者への依存の増加、身体機能の低下、希望のなさ、尊厳の喪失でもある。Schoonheim-判決（1984）においては、最高裁判所の裁決によれば、苦しみとは、症状の進行の恐怖や見通しの悪さ（希望のなさ）もあるとしている。患者の経験する苦痛が一種だけということはめったにない。臨床では、殆どの場合、希望の無さや耐え難さといった苦しみの様相の組み合わせによって苦痛が形成されている。医師は、患者の耐え難さを形成しているすべての苦しみの局面を鑑みて診察しなければならない。

　重要なことは、患者は苦しみを経験中だということである。それにあてはまらないもの、例えば昏睡中、あるいは意識障害や緩和治療中で（苦しみの詳細に関して）疑う点が存在する場合もある。患者の苦しみが変化する（軽減あるいは消失する）状況になることが可能な場合は、原則として安楽死要請の承諾は不可能である。また、患者の家族が患者の痛み（状況）が耐えがたいと告げても、医師はそれを考慮しない。

　　＞詳しくは、昏睡と意識低下、4.7. 参照。
　　＞詳しくは、安楽死と緩和的鎮静の関係、4.8. 参照

　患者が苦しんでいる際、患者は言葉で表現するが、身体の反応で表現することもある。苦しみの表現とは全体像である。患者がもはや言葉でうまく表現できない場合は、患者の苦痛の表現の他のシグナルに医師は注意を払うべきである。

希望の無い苦しみ

　患者の苦しみのうち、疾患や不調による苦しみがもはや治癒しないこと、耐え難さが消失すべく、症状が軽減することが見込めない場合に希望が無いと考えられる。希望のなさの判定の中心は診断と予後である。希望の無さに関して、

症状の消失あるいは軽減に対する現実的な見通しが安楽死以外で見込めるかどうかということである。であるから、治療による改善と治療による患者の苦痛の軽減に関して考慮なされるべきである。希望の無さを考える場合、患者の疾患や不調と症状の関係も診る必要がある。希望の無さとは、患者にとって現実的に、ある程度治癒あるいは緩和する治療が見込めないことである。苦しみの希望の無さの判定は、苦しみを消失させる妥当な他の方法が無い場合という注意深さの要件と共に行われる。
(WTL2条1)
　>詳しくは、3.5. 参照
　希望の無さという用語を患者は、実際に治癒不可能である事実が受け入れられないという意でも使う。そして、患者は耐えがたい苦しみの終わりを望む。患者には耐えがたい苦しみがありかつ希望がないのである。

苦しみの耐え難さ
　耐えがたい苦しみを規定するのは困難な場合もある。苦しみの感じ方は個々さまざまだからである。耐えられる患者もいれば耐えられない患者もいる。個々の患者の（痛みの）経験とは、患者の人生や既往歴、性格、規範や価値観、身体的・精神的にどの程度持ちこたえられるかによるのである。苦しみの裁定には患者の人生、いわゆる"伝記"も重要となってくる。そして医師が当該患者の苦しみを理解できるかにもよる。医師は状況を観察するのみならず患者の視点に立たなければならない。
　患者にとって、健康状態の悪化の見通しに対する恐怖感は苦しみの決定的なファクターでありうる。痛みの増加、さらなる悪化、息苦しさや吐き気はもとより、それにも増して、患者自身の価値（自立性や尊厳）の消失も影響する。患者が現在経験している苦しみとは、現在の状況が悪くなる一方で、患者にとって重要である自身の価値や状況が脅かされることを認識する、ということである。この状況にあてはまるのは例えば癌であるが、癌のみならず進行するALS、AS、認知症、ハンチントン病もあてはまる。

永続的で耐え難い苦しみがあること、重要点
〇苦しみには医学的基礎疾患が必要である。
〇苦しみは、身体的・精神的様相の蓄積の結果である場合もある。

○希望がないこと：安楽死に代わる現実的な方法がないこと。(3.5. 参照)
○耐えがたい苦しみ："当該患者"の苦しみに関してである。(患者の人生経験や性格、患者の痛みに耐えうる能力や価値観) 苦しみは医師が理解できるものであること。
○将来的に悪化することに対する恐怖感も苦しみとなりうる。
○患者自身が経験している苦しみであること。

4. いくつかの特別なトピック
4.1. 書面による意思表明書（宣言書）

WTL（安楽死法）2章の2条②では、16歳以上の患者で、自己の意思表明ができ、安楽死要請の書面による宣言書を作成していた場合について記されている。

 注）WTL2章2条②では16歳以上について言及されている。2条④においては、さらに、12歳から16歳の患者に関しても法律的に有効な書面による意思表明書を作成できるとしている。

その後の状況により、患者はもはや自己の意思を表現できなくなった場合、医師は書面による意思表明書をWTL2章2条①に基づいて用いることができる。書面による意思表明書は、口頭による要請と同じ位置づけとなる。

WTL2章の2条では、書面による意思表明書をWTL2章2条①に挙げられた注意深さの要件に相応していれば適用できるとしている。法的な歴史においては、注意深さの要件は"当該案件が注意深さの要件を満たしている状況であれば"適用可能であるという解釈されてきた。

 注）あたかもWTL2章2条4、最後の文章、第2項はこれを準用する、という部分の説明の改正のような形となっている。

その意味するところは、注意深さの要件の判定は、特定の状況を鑑みなければならないからである。つまり、コミュニケーションができない患者、もはや質問に答えられない患者について考慮すべきでなのである。通常医師は、患者がまだ意思表示ができたころにコンタクトをとっていた。その後、書面による意思表明書が役割を果たす状況においては、以前行った患者との口頭によるコンタクトが大変貴重となってくる。

その他の注意深さの要件 "準用"

　書面による意思表明書は、口頭による要請の代わりとなる。その他の注意深さの要件は"準用"である。一般的には（口頭による要請の代わりになることに関しては）、以下参照。

a．患者による要請が自発的で熟考されたものであること：医師は、以前からの患者とのコンタクトにより判断できる、あるいは、自発的で熟考された意思表明書に関して話し合うことができる。患者が意思表明書を作成したという事実（そしてそれが可能な限り、反復され、確認され続けたこと）は自発的で熟考されたものであることのはっきりした表示である。

b．苦痛が永続されたものであり、かつ耐え難いものであること。：意思表明書は口頭での要請の代わりとなる。要請による生命終結の実行時に、患者が耐えがたい苦しみを経験していることがゆるぎないこと。そのことが、はっきりと確証を持って診断された場合に限る。

c．医師が患者の病状及び予後について患者に情報提供していること。：医師が患者とまだコミュニケーションが取れた頃、患者の病状と予後について説明したことを医師自身が知っていることに関連する。

d．患者の病状の合理的な解決策が他にないこと：本書3.5に述べたように、医師と患者両者の考えによって判断する。他の解決策がないことを患者は書面による意思表明書に盛り込んでおり、また、コミュニケーションが可能であったころその件について話し合っており、要請による生命終結実行時に医師が患者の意見を慎重に検討していること；

e．独立した相談医：法律には相談医は患者を診ると明記されている。相談医と患者とのコミュニケーションが無理あるいは困難な場合でも、診察は可能である。それの意味するところは、相談医は自身で患者を観察でき、また、報告書を作成するに当たり、他から得た追加の情報を使うことができる。（患者のカルテ、意思表明書の内容、家庭医や家族との話し合い）

　　＞3.6.及び4.7.参照

f．医学的見地においての慎重な実行（医師が相当の注意を尽くして生命終結を実行した）：この注意深さの要件に関しては、書面による意思表明書という点では特記事項はない。

　医師の薬剤処方が適切であったか否かに関してのみ判断される。

WTL2章2条に規定されている意思表明書とは、患者の意思を示す。意思表

明書の内容が患者の口頭による表明に対応しており、今も判断能力があれば（自己の意思を表明できれば）通常問題にはならない。また、患者は普通の方法でコミュニケーションが取れなくても、ジェスチャーによって、以前望んでいた内容と同じだと解釈できれば問題ない。それらの身体的表現は意思表明書をサポートするからである。医師は、それらの表現が生命終結に意義を唱えるものであるかもしれないことに注意を払う必要がある。そうであれば、要請による生命終結は却下すべきである。

意思表明書の内容

　意思表明書は口頭による要請に代わるものである。しかしまた、生命終結を行う時期を決めるのにも役割を果たす。それは、意思表明書の内容に関連する。重要なことは、患者が、どのような状態になった時に患者の要請を実施すべきか、なるべく明確に意思表明書に明記することである。それは患者の苦しみが耐えがたい状況に限ることを踏まえて、患者とあらかじめ話し合っておく必要がある。

　　注）4.7. の、患者は苦しみを経験中である、という規定の例外、参照

　苦しみの判定には、書面による意思表明書の内容が重要な役割を果たす。それと共に患者のジェスチャーや容態、及び、当該患者の疾患に関しての一般的な疾患プロセスも重要となってくる。

　法律上は、書面による意思表明書の有効期限は制定されておらず、また、更新も要求されていない。意思表明書が古いものであることよりも、患者が何を本当に実行したいのか表明することに対する疑問がおこる可能性の方が高い。患者が意思表明書を更新した場合、あるいは、書面作成後口頭で内容を再確認した場合は、それが行われなかった場合よりも意思表明書の価値は高くなる。患者の生命終結要請書に関して重要なことは、書面による意思表明書をちょうど良いときに作成し、内容を適宜アップデートし、なるべく具体的な状況を内容に盛り込むことである。意思表明書を時機にかなって作成し、医師と話し合いながらアップデートするのは患者の責任において行う。医師はそれらの経緯をカルテに記載する。患者個人が自分の言葉で書いた表明書は、通常、既製のフォームよりも、より重要性を増す。

重要点を纏めると、

a．患者が判断能力のある時期に書いた書面が、言葉あるいはジェスチャーによって再確認されていること。
b．患者がもはや充分に（良好に）意思表示できない時期に、意思表明書の内容に対立する意思表示をしていないこと。
c．要請による生命終結時期が患者の書いた書面による意思表明書の内容と合致していること、及び注意深さの要件を満たした時期であること。

　患者が安楽死についての一貫した全体像を作り上げるにあたって、すべての事実と事情を一緒に鑑みて話し合われなければならない。それによって、書面による意思表明書に患者の意思を盛り込んで、安楽死実施の時期にかなうように、意思表明書を作成できる。

書面による意思表明書：注意点
○意思表明書は明確か？
○患者に判断能力があった時期に書面の再確認を行ったか？
○すべての事情を考慮した上で、意思表明書は患者の意思を表明しているといえるか？
○安楽死実行時、患者の苦しみは耐えがたいものであるか？
○意思表明書の内容に対し患者は対立する意思表示をしていないか？
○医師による適切な薬剤量を投与

4.2. 未成年の患者

　WTLを、12歳以上の人に対して安楽死を実行するために適用するのは可能である。ただし、未成年者に関しては、いくつかの追加要件が課せられる：
－未成年者が12歳以上16歳未満であるときは、患者自身の要請と併せて、両親（または片親）あるいは保護者の同意を必要とする。WTL2条の④
－未成年の患者が16歳以上18歳未満であるときは、両親（片親）あるいは保護者が意思決定に関与することが求められる。同意は必要としない。
WTL2条の②
　両者共に3章（本書）で述べた注意深さの要件が適用される。
　両親（片親）あるいは保護者が意思決定に関与することが求められた場合においては、書面による意思表明書も有効である。

注）142 頁真中の注

　未成年者の要請には、患者の判断能力に関して特別に注意を払わなければならない。
　未成年者であっても判断能力があれば安楽死は検討されるが、医師と相談医は患者の判断能力に関して特別な注意を払わなければならない。
　12 歳から 18 歳未満の未成年者の安楽死報告は少ない。2002 年から 2014 年までに RTE は 5 件受理した。すべての場合において、患者の安楽死要請を家族は理解し尊重していた。

4.3. 精神疾患のある患者

　最高裁判所による 1994 年の Chabot 判決においては、医師に対し、精神疾患による耐えがたい苦しみのある患者に関しては大いなる警戒心を持つべきだと要求した。

> 注）最高裁判所が要求した、苦しみのすべての場合（苦しみの種類）における警戒心とは、正確には、身体の不調から起因する病気のみから苦しみがすべて来るとは実証できないとの判断。苦痛に耐えること及び身体機能の喪失に対して慎重に判断することが要求された。（最高裁判所判決 1994 年 6 月 21 日）

　このような案件は複雑な精神疾患であるため、精神科医による診断が求められる。

> 注）オランダ精神医学会編纂のガイドライン（2009 年）「精神疾患患者の介助自殺要請とどのように向き合うべきか」参照

　警戒心が必要な点は特に、注意深さの要件のうち、自発的で熟考した上での要請、希望のない永続的な苦しみ、妥当な代替案の項である。
　患者の要請を判断するにあたって、患者の判断能力が患者の精神的不調の影響を受けることは除外されている。患者の判断能力が要請をするにあたって不充分な場合は、自発的で熟考された要請について話し合うことはできない。医師は、患者が、関連する情報を理解していることを表明しているか、疾患を洞察しているか、熟考に一貫性があるかの点を注意しなければならない。
　＞ 3.2. 参照

希望のない永続的な苦しみと妥当な代替案がないことについては、治療の可能性の有無を正確に調べなければならない。患者が比較的若くまだ長期間生きる可能性がある場合については特に慎重に審議されなければならない。

注）2013年安楽死委員会レポート案件11,12参照。両件共に30〜40歳女性。これらの案件の委員会の裁定は注意深さの要件を満たしているとされた。

医師が専門医に診断を依頼できない場合、あるいは、代替案がある場合は、その点に関して同僚の専門医に充分情報を提供してもらわなければならない。患者が妥当な代替案を却下した場合は、原則として永続的な苦しみについては話し合えない。しかしながら、考えられるすべての治療を患者は経験しなければならないというわけではない。それについては、3.5.参照。

医師は、本書3.2から3.5で述べた注意深さの要件を判定する相談医とはまた別に、独立した精神科医に、要請をするにあたっての患者の判断能力と永続的な苦しみに関して相談することができる。患者に不要な負担を与えないために、精神科医であるSCEN医師の派遣を希望することも可能である。

身体の不調と精神的不調の組み合わせ

上記に述べた安楽死要請の患者とは、精神的不調による苦しみのある患者であった。身体の不調からくる苦しみがあり、それと併せて精神的問題のある患者の例も比較的多い。これら複数の問題蓄積も患者の苦痛である。これらの場合に、医師と相談医は、患者の精神的問題が、自主的で熟考された要請を行う可能性の邪魔をしていないか特に注意して検討すべきである。相談医が精神科医ではない場合は、精神科医にアドバイスを求めることが必要となる。普段は鬱状態の兆候はみられないのに、陰気な気分や事情が安楽死に駆り立てたのではないかといった点を考慮するためである。

精神的問題による安楽死の報告は過去数年増加している。特に2011年以降は瞠目すべきである。

精神疾患のある患者：注意点
○患者の死への願望は、自発的で熟考された要請であるのか、あるいは患者の疾患の表現であるのか？
○妥当な代替案がないことは確証されているか？

○相談医と併せて、独立した精神科医に相談したか？　あるいは相談医は精神科医か？

4.4　認知症の患者
　認知症の患者においても、法律上の注意深さの要件を検討するにあたり、特に判断能力を充分有しているか、耐えがたい苦しみであるのかの点において、より一層の警戒心を持って臨まなければならない。認知症のプロセスとして、疾患の進行に伴い判断能力は退行していく。時間の経過とともに、患者はやがて判断能力を完全に失ってしまう。

認知症初期
　これまで委員会が扱った殆どの案件は、認知症初期のものであった。この時期は通常まだ判断能力があり、安楽死要請に関しての意思表示能力を有していた。患者の苦しみは、現在経験している（現在進行中の）認識機能の退行と、それによって引き起こされる、患者自身の自律性と尊厳に関するネガティブな結果に対してである。（3.3. 参照）つまり、人格、自身の能力、所持している技能、これらの段階的な消失を体験している現状、及び認知症の症状は進行するのみという事実に関してである。こういった見通しはほぼ確実でありそれは大きな苦しみとなる。

認知症後期
　患者がもはや判断能力を保っていない進行した認知症、及び、もはやコミュニケーション不能（あるいは簡単な意思表示やジェスチャーのみ）である場合の安楽死の実施は、患者がまだ意思表示能力を充分有していた時に、書面による意思表明書を作成していた場合は可能である。発生した認知症症状に対して必ず安楽死を適用すべしと明記された書面である必要がある。
　＞詳しくは書面による意思表明書 4.1. 参照
　医師と相談医は、患者の疾患経過の全体と考慮すべき付随したすべての状況（事情）に関与すべきである。疾患の経過中及び安楽死実施の直前、その両方における、患者の態度（ジェスチャー）や発語の解釈に帰着する。安楽死は、書面による意思表明書に指示・明記された状況となったその時点で、安楽死実行が受諾されうるものとなる。ただし、その直前に、対立する兆候（生命終結を

欲していないといったはっきりしたサインを患者が呈した）がなかった場合に限る。さらに、患者は耐えがたい苦痛を経験していると明らかに見て取れる場合である。先に述べたように、意思表明書の内容を判断することが重要な役割を果たす。

認知症後期の患者の安楽死における医師と相談医の説明責任（アカウンタビリティ）は特別な意味を持つ。相談医（相談医の報告書において）と医師（委員会に提出した書類）は彼らの考慮事項及び基本的な事実や事情を誠実に報告しなければならない。

相　談

認知症初期の安楽死では、一般的で定期的な相談過程を取れば充分である。必要であれば、医学準則（Lege Artis）に沿って認知症の診断を確認する。

認知症後期の安楽死の場合は、3.2. から 3.5. に挙げた注意深さの要件のすべてを満たしているか否か判定する通常の相談医（SCEN 医師）とあわせて、ポイントを押さえた専門医（臨床老年病専門医、老人科の専門医または内科医）への相談が必要となる。患者の負担を軽減する目的で上記の専門医でもある SCEN 医師をリクエストすることも可能である。認知症後期においては、患者と相談医は必ずしも常に話し合えるわけではない。相談医はすべての事実と状況にもとづいて判断する。患者の書面による意思表明書と医師からのより詳しい情報、そして家族の談話はその点で助けとなる。

認知症患者：注意点
○患者は意思決定及び表現ができるか？
○いいえ、の場合、書面による意思表明書はあるか？
○安楽死実行時に患者とコミュニケーションが取れるか？
　いいえ、の場合、：
　－現在、意思表明書に記載されている明確な状況となっているか？
　－患者の苦しみは耐えがたいか？
　－患者は生命終結をしたくないと表現しているか否か？
○相談医とは別に、この疾患における専門医と相談したか、あるいは相談医自身がそれに該当する専門医か？

4.5. 知的障害のある患者

知的障害のある患者の安楽死報告は珍しい。

> 注）2011 年安楽死委員会レポート案件 2 参照

（軽い）知的障害の患者で自発的で熟考した要請の場合で注意深さの要件を満たしていれば安楽死は可能である。

> 注）NVAVG（知的障害者のための医師協会）編纂「知的障害者の人生の終わりに関する医学的決断」2007 年、参照

この場合、安楽死要請における患者の判断能力に充分な注意を払わなければならない。

本書の 3.2. から 3.5. に記載された注意深さの要件のうち、判断能力に関しては、医師はすべての注意深さの要件を判定する相談医とはまた別の専門医（例えば知的障害者を専門に診る医師）に相談するのが望ましい。患者の負担を軽減するために、SCEN 医師依頼時に前述の専門医を希望することはできる。

4.6. 失語症の患者

失語症は言語障害である。失語症の患者は、しばしば、言語使用あるいは言語理解、または言語使用と言語理解共に問題があることが多い。失語症の患者も一般的には自発的で熟考された要請ができるが、希望や意見を述べる際に困難を伴う可能性が高い。多くの場合、失語症の患者は、自分の意思を述べたり質問に答えたりする際には別の方法で行う。例えば、手をつねったり、表情やしぐさによって表現する。一つの方法としては、患者が例えば、はい、あるいは、いいえのシグナルで答えられる単純な選択式質問を呈する方法がある。それによって言語障害がある患者であっても、安楽死要請に関して患者の意思の確認が行えたならば、WTL で要求されている判断能力も確認できる。他の注意深さの要件が満たされたならば、安楽死実行は可能となる。

患者がすでに書面による意思表明書を作成していた場合は、言語による表現が限定されている患者のサポート及び補足となる。

4.7. 昏睡／意識低下の患者

患者が昏睡や意識低下に陥った場合における安楽死実行の可能性については、

患者が苦しんでいるか否かが特に重要である。
昏睡
　苦しみは意識が存在することを意味する。患者が昏睡に陥った場合は、意識はなくなるため苦しみを経験しない。
意識低下
　患者が意識低下となったときに、(耐えがたい)苦しみが存在することは除外されてはいない。

> 注）グラスゴーコーマスケール（GCS）には、意識障害の度合いによる分類スケールで、それによる苦しみの可能性の確定について参考となる。GCSは、オランダ医師会発行の、「意識低下の際の安楽死のガイドライン」2010年、に取り上げられている。

昏睡／意識低下が、計画された実行の直前に発生した場合
　患者が、安楽死実施予定日時の直前に意識低下状態になれば問題が発生する。安楽死実行が可能かという疑問が生じてしまうからである。これにより、さまざまな状況をそれぞれ区別することが重要となる。

- 昏睡は不可逆的である。（疾患により発生、元に戻らない）
　　患者は疾患の最終段階で自然発生的に昏睡となりうる。その状態では患者は苦しみを経験しないので、医師が既に準備していたとしても安楽死は行われない。
- 意識低下は不可逆的である。（疾患により発生、元に戻らない）、苦しんでいる（であろう）サインが認められる。
　　苦しんでいる（であろう）サインが認められるにもかかわらず、患者は自発的に意識低下から戻ることはできない。この状況では、医師は安楽死を実行できる。　苦しんでいる（であろう）サインが認められない場合は、安楽死は無理である。
- 昏睡と意識低下は可逆的である。（投薬により発生。投薬中止を行わない）
　　昏睡と意識低下が薬剤による導入であり自然発生ではない場合は、患者がまだ苦しみを経験しているか否かをチェックする、あるいは、昏睡または意識低下状態を中止するか否かについて検討する。昏睡から覚醒させるのは無慈悲だと委員会は考える。この状況では、患者が以前、口頭あるいは書面による意思表明書にて安楽死を要請していた場合は、医師は安楽死を実行できる。可逆的な昏睡や意識低下状態（苦しんでいるであろうサイ

ンがない場合も)、患者の苦しみの耐え難さを医師や相談医が確認するためだけに投薬を中止する必要はない。
－昏睡や意識低下が相談医の訪問後に発生した場合
　　意識低下や可逆的昏睡が発生する前に、相談医がコミュニケーションが可能であった患者を訪問し、安楽死の実行許可となっていた場合は、意識低下や昏睡発生後に相談医に再度相談する必要はない。また、この状況の際は、安楽死実行時に意思を表明できなくても、意思表明書は要求されていない。

　　注）オランダ医師会発行「意識低下時における安楽死ガイドライン」2010 年参照

－昏睡や意識低下が相談医の訪問前に発生した場合
　　原則として安楽死は既に許可されていたが、相談医が訪問して患者を診る前に、患者が意識低下状態や可逆的昏睡に陥ることもありうる。この場合、相談医はもはや患者とコミュニケーションが取れない。相談医は要請に対する判定を医師からの情報や意思表明書、患者カルテ、そしてその他の人々からの情報を基に行わなければならない。患者の苦しみについては、相談医自身の患者観察をベースに、患者カルテ、医師、家族や介護者からの口頭での情報を参考にして判定しなければならない。
　　＞ 4.8. 安楽死と緩和的鎮静を参照

昏睡／意識低下が、実行日未計画の時点で発生した場合
　医師と患者との間で進行中の安楽死プロセスが終了する前に、あるいは（プロセスが）軌道に乗る前に、患者は思いがけず昏睡や意識低下に陥ることもある。安楽死実行には、どちらの場合も患者の書面による意思表明書が必要となる。相談医は患者を診察しなければならない。不可逆的意識低下の場合は、苦しんでいる（であろう）サインが認められることが必須である。
　　＞ 3.6. 及び 4.1. 参照

昏睡／意識低下：注意点
　○計画された実行直前の昏睡／意識低下：
　　－医師は昏睡あるいは意識低下の度合いの確定を行ったか？　GCS の分類スケールによって行ったか？

－可逆的昏睡あるいは意識低下であるか？
　　　－不可逆的意識低下の場合、患者には苦しんでいる（であろう）サインが認められるか？
　　　－意識低下や可逆的昏睡に陥る前に相談医が診察できなかった場合、判断するにあたって充分な情報があるか？
　　○昏睡／意識低下が実行計画日未設定で発生した場合
　　　－この場合の注意点として：書面による意思表明書は存在するか？

4.8. 安楽死と緩和的鎮静

　安楽死と緩和的鎮静は、患者の耐えがたい苦しみを軽減あるいは消失させることにおける2つの異なった方法である。安楽死では生命終結を行う（あるいは患者自身でさせる）ことによって、緩和的鎮静は、患者が死亡するまでの期間意識低下の状況に持ち込むことによってそれを実現する。緩和的鎮静は、通常の医療（治療）に属するため、いうなれば安楽死の対極に位置するともいえるが、特別な基準や条件がある。

　　注）緩和的鎮静のためのガイドライン（オランダ医師会発行、2009年）の条件の一つに、余命が2週間以下であること、と明記されている。

　耐えがたい苦しみのある患者においては、安楽死要請はできるが、緩和的鎮静も選択肢の一つである。安楽死要請に気が進まない患者にとっては、緩和的鎮静は良い代替案となる。

　人生の最後まで、しっかりと意識のある状態で過ごしたい患者は、それを理由に緩和的鎮静を却下する。その際、患者は、緩和的鎮静は「妥当な代替案ではない」と結論付けてもよい。したがって、緩和的鎮静の却下は安楽死要請の実行の障害とはならない。

　　＞ 3.5. 参照

　臨床においては、患者が要請していた安楽死、その実行の決定が行われる前に、鎮静が適用されることがある。それによって、患者は安楽死実行の少し前に既に鎮静によって意識低下となったため、安楽死要請を繰り返す、あるいは確認することができなくなった。安楽死実行は、患者が以前に口頭あるいは書面による意思表明書によって要請していた状況となった場合においては可能である。委員会の意見としては、医師または相談医、あるいは両者に、患者には

耐えがたい苦しみがあることを確認させる目的のためだけに、患者を目覚めさせるのは非人道的だとしている。

　患者が「条件付の」安楽死要請を行うこともある。この場合、最初は緩和的鎮静が行われる。しかし一定の（一種の）状況に陥った場合生命終結を行う、と、既に患者と医師の間で話がついている（決められている）ということである。それは、

－患者が望んでいるよりも死亡までの期間が長くなりそうな場合。

> 注）この場合は、緩和的鎮静の継続中止に関する患者の許可証が必要。医療契約に関する法律7章、450条の1に明記されている「許可証」を意味する。

－患者の容態を診て、意識低下状態であるにもかかわらず苦しんでいると診断された場合。

　委員会は以下の点を非常に重要とみなしている。患者が事前に医師に安楽死実行時の容態に関して詳しく強調して確認していること、つまり、緩和的鎮静に関する契約として、患者が望むよりも長くなった場合に安楽死が付与される（実行される）ということである。また、医師は、いつ相談医に見てもらうか、その時期を、毎日患者の容態をチェックして見極めなければならない。

4.9.「生きることに疲れた」の問題性

　法的歴史から明らかなように、「生きることに疲れた」の意味としては、高齢者で、医学上での疾患において悲惨な苦しみや症状はないが、自分の人生には意味が見出せない、さらなる人生の継続よりも終了を選びたいと患者自身が決めた事態である。「生きることに疲れた」の問題性としては、過去数年すでに社会的問題として議論されてきた。この議論は、この場合も安楽死要請が可能であるべきか否かに関してであった。

> 注）Code of practice　完成時には、シュナーベル博士による、生命終了時に関する自己決意の際のヘルプを受けることの自由性を求めるオランダ人のグループに対するアドバイス、に関して委員会は記載できなかった。アドバイスは2015年末に発表が期待されている。

現時点ではそうではない。法学上、そして法学歴史上、患者の医学面での疾患からくる耐えがたい苦しみを患者は経験していることが要求されている。(3.3. 参

照）疾患による症状が（生命を脅かすほど）重度であることが必要だとは記されてはいない。老化による不調の積み重ねが希望のない耐えがたい苦しみとなることもある。

　　注）オランダ医師会発行、2011年、自分で選んだ生命終結の際の医師の役割について、P21 － 23 参照

4.10.　委員会が要求していない要件

　安楽死有効となる基準や条件に関しての誤解が存在する。委員会が受理した案件には、時折WTLに挙がっていない要件を課している案件がある。法律上必要となる要件はすでに話し合われて説明済みである。この話し合い内容から逸れてしまったこと、どの要件が要求されていないかに関して要約すると、

○患者は疾患の終末期である必要は無い（2.2. 参照）
○患者と医師（実行医）の関係として、治療医であるか否かは問題にはならない。（治療医であることは要求されていない。）（3.1. 参照）
○患者の安楽死要請が口頭のみでなく書面であることが必要だ、とは要求されていない。（3.2 参照）
○患者の安楽死要請は熟考されたものである必要はあるが、長期間にわたって変化しなかった要求である必要はない。（3.2. 参照）
○安楽死付与には相談医の「許可証」は必要ない。（3.6.）
○患者に判断能力があるか否かに関しての専門医の評価は必要に応じて行う。必ず行うことが基準ではない。（判断能力に疑念がある場合、つまり4.2. から4.5. に該当する場合は行う。）
○緩和的鎮静はWRLの2章1、dの「妥当な代替案」には該当しない。（4.8. 参照）
○通常、患者家族が安楽死について考えることに関わるのは望ましいし、それは当然ともいえるが、家族のかかわりは要求されてはいない、家族が安楽死に同意しているか否かは問題ではない。

　　注）このルールは未成年の患者の場合は違う。4.2. 参照

（ベイツ裕子　訳）

2 ベルギー　　　　　　　　　　（翻訳　本田まり）

1　2005年11月10日の法律により補足された（第3条の2を参照）、安楽死に関する2002年5月28日の法律

La loi du 28 mai 2002 relative à l'euthanasie
complétée par la loi du 10 novembre 2005（voir article 3 bis）[1]

第1条　この法律は、憲法第78条[2]に掲げられる事項を規定する。

第1章　一般規定
第2条　この法律の適用において、安楽死とは、第三者により実施される、本人の要請に基づいてその者の生命を意図的に終わらせる行為をいう。

第2章　要件および手続
第3条
§1　安楽死を実施する医師は、次のことが確認される場合には、罪を犯すことにはならない。
　　——患者が、成年または〔親権もしくは後見から〕解放された（émancipé）未成年であり、法的能力があり、かつ本人の要請の時点で意識があること
　　——要請が、自発的になされ、熟考され、かつ繰り返されていること、および外部からの圧力によるものではないこと
　　——患者が、医学的に解決策のない状態にあり、持続的で耐えがたい肉体的または精神的な苦痛に苛まれており、その苦痛は緩和されることができず、かつ事故または病気による重篤で不治の疾患に起因すること
　　ならびに、医師が、この法律に定められた要件および手続を遵守すること
§2　医師は、介入に先立ち、すべての場合において、次のことをしなければならない。但し、介入にあたり補足的な要件を設定することは妨げない。
　　1°　患者にその健康状態および余命を知らせ、安楽死の要請について患者と協議し、なお考えられる治療の可能性ならびに緩和ケアおよびその結果がもたらす可能性を患者に提示する。医師は、患者とともに、当該状況におい

て他のいかなる合理的な解決方法もないこと、および患者の要請がまったく自発的なものであることを確信するに至らなければならない。
2° 患者の肉体的または精神的苦痛の継続、および繰り返される本人の意思を確認する。そのために、医師は、患者の状態の進行に照らし相当な期間をおいて、数回にわたり患者と面談する。
3° この疾患の重篤かつ不治という性質に関し、相談の理由を明確にしつつ、他の医師に相談する。相談を受けた医師は、診療録（カルテ）の内容を把握し、患者を診察し、その肉体的または精神的苦痛が持続的で耐えがたく、かつ緩和されることのできない性質のものであることを確認する。その医師は、確認した事項に関する報告書を作成する。

  相談を受けた医師は、患者に対しても主治医に対しても独立でなければならず、関連する病理学について専門的知識を有していなければならない。主治医は、この相談の結果に関し、患者に情報を提供する。
4° 患者と定期的な接触をもつケアチームが存在する場合には、このチームまたはその構成員と、患者の要請について話し合う。
5° それが患者の意思である場合には、本人が指名する近親者と、患者の要請について話し合う。
6° 患者が、会うことを望む人々と、本人の要請について話し合う機会を有していたことを確認する。

§3 医師は、短期間の内には死亡が明らかに起こらないという意見である場合には、さらに次のことをしなければならない。
1° 相談の理由を明確にしつつ、精神科医または関連する病理学の専門医である第二の医師に相談する。相談を受けた医師は、診療録の内容を把握し、患者を診察し、肉体的または精神的苦痛の持続的で耐えがたく、かつ緩和されることができないという性質、および要請の自発的で熟考され、かつ繰り返されているという性質を確認する。その医師は、確認した事項に関する報告書を作成する。相談を受けた医師は、患者に対しても主治医および相談を受けた第一の医師に対しても独立でなければならない。主治医は、この相談の結果に関し、患者に情報を提供する。
2° 患者の書面による要請と安楽死との間に、少なくとも1ヵ月を経過させる。

§4 患者の要請は、書面によりなされなければならない。この文書は、患者自身によって作成され、日付を記入され、かつ署名される。患者が、書面によ

る要請を行うことができる状態にない場合には、本人の要請は、患者の死亡により何ら物質的利益を得る余地のない、患者の選んだ成年者によって書面によりなされる。

　この者は、患者が書面による要請を作成できる状態にないという事実を記載し、その理由を示す。この場合には、要請は、医師の面前で書面によりなされ、この者は、当該医師の名を文書に記載する。この文書は、診療録に添付されなければならない。

　患者は、要請をいつでも撤回することができ、この場合には、その文書は、診療録から引き抜かれ、患者に返還される。

§5　患者によって作成された文書の全体、ならびに相談を受けた医師（ら）の報告書を含む、主治医の手続およびその結果は、患者の診療録に正式に記載される。

第3条の2　安楽死に至る物質を引き渡した薬剤師は、この法律に従っていることを医師が明白に記載した、処方せんに基づきそれを行う場合には、いかなる罪を犯すことにもならない。

　薬剤師は、処方された安楽死に至る物質を、医師に自ら供給する。国王は、安楽死に至る物質として用いられる医薬品の処方および引渡しが、満たさなければならない注意基準（critères de prudence）および要件を定める。

　国王は、一般の人々が行きやすい薬局におけるものを含む、安楽死に至る物質の利用可能性を確保するために必要な措置をとる。

　　　（安楽死に関する2002年5月28日の法律を補足する2005年11月10日の法律）

第3章　事前の宣言／意思表明（déclaration anticipée／wilsverklaring）

第4条

§1　法的能力がある成年者または解放された未成年者はすべて、本人がその意思をもはや表示できない場合のために、医師が次のことを確認したときに当該医師が安楽死を実施する旨の本人の意思を、宣言において、書面により記載しておくことができる。

　——本人が、事故または病気による、重篤かつ不治の疾患に冒されていること

　——本人に意識がないこと

　——および科学の現状によれば、この状態が不可逆的なものであること

この宣言において患者は、一人または複数の受任者（personne(s) de confiance）を指名することができる。受任者は、成年であり、任意に順位をつけて指名され、主治医に患者の意思を知らせる。宣言において上位にある受任者が、これを拒否するか、障害があるか、法的に無能力であるか、死亡していた場合には、下位の者が繰り上がり、これに代わる。患者の主治医、相談を受けた医師およびケアチームの構成員は、受任者として指名されることができない。

　この宣言は、いつでも行うことができる。それは、書面により確認され、二人の証人（そのうちの少なくとも一人は、宣言を行う者の死亡後に物質的利益を有しない）の面前で作成され、宣言を行う者、証人、および該当する場合には一人または複数の受任者によって、日付を記入され署名されなければならない。

　事前の宣言を行うことを望む者が、それを作成し署名することが肉体的に永続して不可能である場合には、その宣言は、宣言を行う者が選択する成年者（宣言を行う者の死亡後に何ら物質的利益を得る余地のない）によって、二人の証人（そのうちの少なくとも一人は、宣言を行う者の死亡後に物質的利益を有しない）の面前で、書面によりなされることができる。その場合、この宣言は、宣言を行う者が作成し署名することができない旨を明確にし、その理由を示さなければならない。この宣言は、書面による宣言をなした者、証人、および該当する場合には受任者によって、日付を記入され署名されなければならない。

　肉体的に永続して作成し署名することができない旨を証明する医学的証明書は、この宣言に添付される。

　本人の意思を表示することが不可能となる前の5年以内に、当該宣言が作成されるか確認されていた場合にのみ、これを考慮することができる。

　この宣言は、いつでも撤回または修正されることができる。

　国王は、この宣言の提示、保存、確認、撤回および関係する医師への伝達に関する様式を、全国登録局（services du Registre national）を通して決定する。

§2　§1に規定される事前の宣言の結果として、安楽死を実施する医師は、患者が次の状態であることを確認する場合には、罪を犯すことにはならない。

　——事故または病気による、重篤かつ不治の疾患に冒されていること
　——意識がないこと

——および科学の現状によれば、この状態が不可逆的なものであること
　　ならびに、医師が、この法律に定められた要件および手続を遵守すること
　医師は、介入に先立ち、次のことをしなければならない。但し、介入にあたり補足的な要件を設定することは妨げない。
　1° 相談の理由を知らせた上で、患者の医学的状態の不可逆性について、他の医師に相談する。相談を受けた医師は、診療録の内容を把握し、患者を診察する。その医師は、確認した事項に関する報告書を作成する。意思の宣言において受任者が指名されている場合には、主治医はこの受任者に、相談の結果を知らせる。
　　相談を受けた医師は、患者に対しても主治医に対しても独立でなければならず、関連する病理学について専門的知識を有していなければならない。
　2° 患者と定期的な接触をもつケアチームが存在する場合には、このチームまたはその構成員と、事前の宣言の内容について話し合う。
　3° この宣言が受任者を指名している場合には、その者と、患者の意思について話し合う。
　4° この宣言が受任者を指名している場合には、この受任者が指名する患者の近親者と、事前の宣言の内容について話し合う。
　　事前の宣言、ならびに相談を受けた医師の報告書を含む、主治医の手続全体およびその結果は、患者の診療録に正式に記載される。

第4章　届出（déclaration / Aangifte）
第5条　安楽死を実施した医師は、実施後、就業の4日以内に、第7条に規定される登録文書に必要事項を記載した上で、この法律の第6条に規定される連邦監督評価委員会に提出する。

第5章　連邦監督評価委員会（Commission fédérale de contrôle et d'évaluation）
第6条
§1　この法律の適用に関して連邦監督評価委員会を設置し、以下「委員会」と称する。
§2　委員会は、委員会の権限に属する分野における知識および経験に基づき指名された、16名の委員によって構成される。8名の委員は医学博士とし、そのうちの少なくとも4名はベルギーの大学における教授とする。4名の委員は、

ベルギーの大学における法学教授または弁護士とする。4名の委員は、不治の病気に冒された患者の問題に取り組む立場の人々から選出する。

　立法議会の議員、および連邦政府または共同体もしくは地方の政府の構成員は、その任期中、委員会の委員を兼ねることはできない。

　委員会の委員は、言語的平等性を尊重し ― 各言語集団につき、男女それぞれ3名以上の候補者を含む ―、かつ多元的な代表性の確保に留意しつつ、元老院（Sénat）[3]によって提出される2倍の候補者を指名した名簿に基づいて、閣議の議決を経た王令により任命される。任期は4年とし、再任を可能とする。委員がその資格を失った場合には、その任務は当然に終了する。本委員として指名されなかった候補者は、代理順位を示した名簿に従い、代理委員として任命される。委員会の長は、フランス語を使用する者1名およびオランダ語を使用する者1名とする。2名の委員長は、各言語集団に属する委員によって選出される。

　委員会は、全委員の3分の2の出席がなければ、有効に審議することができない。

§3　委員会は、内規を作成する。

第7条　委員会は、医師が安楽死を実施する度に記入しなければならない、登録文書を作成する。

　この文書は、二つのファイルからなる。第一のファイルは、医師によって封印される。これは、以下のデータを含む。

1°　患者の氏、名および住所

2°　主治医の氏、名、国立疾病廃疾保険機関（Institut national d'assurance maladie-invalidité, INAMI）の登録番号および住所

3°　安楽死の要請に関し相談を受けた医師（ら）の氏、名、国立疾病廃疾保険機関の登録番号および住所

4°　主治医から相談を受けたすべての者の氏、名、住所および職業、ならびに相談の日付

5°　事前の宣言が存在し、それが一人または複数の受任者を指名していた場合には、関与した当該受任者（ら）の氏、名

　この第一のファイルは、秘密とされる。それは、医師によって委員会へ送付される。それは、委員会の決定の後においてのみ参照されることができ、いかなる場合においても、委員会の評価の根拠として用いられることはでき

ない。
　　第二のファイルも、同様に秘密であり、以下のデータを含む。
1° 患者の性別、生年月日および出生地
2° 死亡の日付、場所および時刻
3° 患者が罹患した、事故または病気による、重篤かつ不治の疾患に関する記載
4° 持続的で耐えがたい苦痛の性質
5° その苦痛が緩和されることができないと認められた理由
6° 要請が自発的になされ、熟考され、かつ繰り返されていること、および外部からの圧力がないことを確証しうる要素
7° 短期間の内に死亡すると推定することができるかどうか
8° 意思の宣言があるかどうか
9° 医師によってとられた手続
10° 相談を受けた一人または複数の医師の資格、意見および相談の日付
11° 医師から相談を受けた者の職業および相談の日付
12° 安楽死が実施された方法および用いられた手段

第8条　委員会は、医師が提出する十分に記載された登録文書を審査する。委員会は、登録文書の第二のファイルに基づき、この法律により規定される要件および手続に従い、安楽死が行われたかどうかを確認する。疑いのある場合には、委員会は、単純多数により、匿名を解除することを決定できる。この場合、委員会は、登録文書の第一のファイルの内容を把握する。委員会は、主治医に対し、安楽死に関する診療録のすべての要素を提示するよう求めることができる。

　　委員会は、2ヵ月以内に意見を表明する。

　　3分の2の多数決により、この法律に規定される要件が満たされていなかったと委員会が評価する場合には、委員会はこの関係書類を、患者の死亡地の国王検事に送付する。

　　匿名の解除により、委員会の構成員による判断の独立性または公平性を侵害しうる事実または状況が明らかになる場合には、この委員は、委員会によるその問題の検討について回避するか忌避されることになる。

第9条　委員会は、立法議会に向けて、この法律の発効後2年以内に最初の、その後は2年毎に、次のものを作成する。
　　a)　第8条の規定により記入され、医師によって提出された、登録文書の

　　　　第二のファイルから収集された情報に基づく統計報告書
　　b)　この法律の適用に関する記述および評価を含む報告書
　　c)　場合によっては、立法の発議に至る可能性のある勧告、および／またはこの法律の執行に関するその他の措置

　これらの任務を達成するため、委員会は関係省庁および諸機関から、あらゆる有用な情報を収集することができる。委員会によって収集された情報は、秘密とされる。

　これらの文書はすべて、第8条に規定された監督の範囲で、委員会に提出された文書の中で挙げられた者の身元を含むことができない。

　委員会は、あらゆる個人的な情報を除き、理由を付して要請を提出する大学の研究班に対し、統計的で単に技術的な情報について伝えることを決定できる。委員会は、鑑定人の意見を聴くことができる。

第10条　国王は、法律に定められた委員会の任務達成のために、委員会の用に供する行政的枠組みを設ける。その人員数および行政職員の言語的枠組みは、公衆衛生および司法を担当する大臣の提言に基づいて、閣議の議決を経た王令により定められる。

第11条　委員会の運営費および人件費、ならびにその構成員の給与は、司法および公衆衛生を担当する大臣の予算からそれぞれ2分の1を充填する。

第12条　いかなる資格であれ、この法律の適用に携わる者は、その職務の遂行において委ねられ、かつその職務の遂行に関係のある情報について、守秘義務を負う。この場合には、刑法典第458条[4]が適用される。

第13条　最初の報告書、および場合によっては第9条に規定される委員会の勧告の提出から6ヵ月以内に、立法議会（Chambres législatives）[5]はこの問題についての討議を開始する。この期間は、立法議会の解散および／またはその信任する政府の不在期間中は停止される。

第6章　特別規定

第14条　この法律の第3条および第4条に規定される、要請および事前の意思宣言は、強制力を有しない。
　　いかなる医師も、安楽死の実施を義務付けられない。
　　他のいかなる者も、安楽死に関与することを義務付けられない。
　　相談を受けた医師が安楽死の実施に反対する場合には、この医師はその旨

を、理由を明確にしつつ、適切な時期に患者または受任者に知らせなければならない。医師の拒否が医学的理由により正当化される場合には、その理由は患者の診療録に記載される。

　安楽死の要望に応えることを拒否する医師は、患者または受任者の要請により、患者の診療録を、患者または受任者によって指名された医師に伝達することが義務付けられる。

第15条　この法律によって課せられた要件を遵守した安楽死により死亡した者は、その者が当事者であった契約、とりわけ保険契約の履行に関して、自然死による死亡とみなされる。

　民法典第909条[6]の規定は、第3条に掲げられるケアチームの構成員に適用される。

第16条　この法律は、官報（Moniteur belge）に公布された後、3ヵ月以内に発効する。

（本田　まり　訳）

注

1　Moniteur Belge du 22 juin 2002, p.28515；監督委員会による報告書
2　下院にあたる代議院（Chambre des représentants）および上院にあたる元老院（Sénat）における、法案の審議に関する規定である。第74条および第77条に規定されるもの以外の事項において、代議院により可決された法案は、元老院に送付される。少なくとも14名の議員からの要請に応じて、元老院は法案を審議する。この要請は、法案の受託から14日以内に表明される。元老院は、60日を超えない期間内に、法案を修正する理由がないことを決定するか、法案を修正した後に可決することができる。元老院が、与えられた期間内に決定を下さないか、代議院に対し法案を修正しないという決定を通知した場合には、法案は、代議院により国王に送付される。法案が修正された場合には、元老院は、代議院に法案を送付し、代議院は、元老院により可決された修正の全部または一部を可決するか否決するか、最終的に議決する。
3　2014年1月6日の法律により、「代議院」に改正される。
4　医療関係者の守秘義務に関する規定であり、正当な理由なく秘密を漏らした者は、8日から6ヵ月の禁錮および100ユーロから500ユーロの罰金に処せられる。
5　2014年1月6日の法律により、「代議院」に改正される。
6　医療関係者が、終末期の患者を治療する際に、生前のまたは遺言による財産処分を利用することを禁止する規定である。

2 2002年6月14日 ― 緩和ケアに関する法律

14 JUIN 2002 ― Loi relative aux soins palliatifs [1]

第1章　一般規定
第1条　この法律は、憲法第78条に掲げられる事項を規定する。

第2章　緩和ケアを受ける権利
第2条　すべての患者は、終末期における付添い (accompagnement) の枠内で、緩和ケアを受けることができる。
　緩和ケアの提供に関する措置および社会保障によるケアの償還に関する基準は、ケアの提供全体において、不治の患者すべてが緩和ケアに平等にアクセスすることを保障しなければならない。緩和ケアとは、治療にもはや反応しない、死を招きうる病気に冒された患者に与えられる、ケアの総体をいう。複数の分野からなるケアの総体は、終末期の患者への付添いを確保するために最も重要となるものであり、肉体的、精神的、社会的および道徳的な面に関わる。緩和ケアの第一の目的は、病者および近親者に、できる限り良い生命の質 (qualité de vie) および最大限の自律を提供することである。緩和ケアは、患者およびその家族のために、本人に生きる時間が残されている間、生命の質を保証し、最適化することを目標とする。

第3章　緩和ケア提供の改善
第3条　国王は、ケアの提供全体における緩和ケアの質の向上のために、承認、計画および出資に関する規準 (normes) を定める。
第4条　第2条および第3条に規定される目的のために、社会問題および公衆衛生を担当する大臣は、政治的文書の重要な情報として、進捗報告書を立法議会へ毎年提出する。
第5条　国王は、この法律が官報 (Moniteur belge) に公布された日から3ヵ月以内に、需要に応じた緩和ケア・サービス提供の展開を調整するために、必要な措置をとる。
第6条　国王は、活動の行使において終末期の問題に直面する保健の専門家が、

緩和ケア・チームによる支援、監督、ケアの構造の中で組織される発言の時および場所を得ることができるよう、必要な措置をとる。

第7条　すべての患者は、本人の健康状態および緩和ケアの可能性に関する情報を得る権利を有する。主治医は、患者の状況、願望および理解力の状態を考慮し、適した形式および用語で、その情報を伝える。

　緊急の場合を除き、自由にかつ事情を理解した上でなされる患者の同意 (accord) が、すべての検査および治療のために必要となる。

第8条　緩和ケアの分野における需要および与えられた応答の質に関する定期的な評価は、公衆衛生科学研究所 (Louis Pasteur) に国王が創設する評価組織 (cellule) により行われる。

　この報告書は、立法議会へ2年毎に提出される。

　国王は、緩和ケアを確保する保健専門家の組織が、この評価と連携するよう留意する。

第4章　改正規定

第9条　治療技術 (art de guérir)、看護技術および医療関連専門職の実践ならびに医療委員会に関する1967年11月10日の王令78号第1条を、以下の規定により置き換える。[2]「第1条　治療技術は、予防的、治療的、継続的かつ緩和的な見地から、人間に対して施される歯科技術を含む医療技術、および製薬技術を範囲とする。」

第10条　同王令第21条第21条の5§1 a)[3] において、「健康の回復」と「または臨終に立ち会うため (ou pour l'assister dans son agonie)」という語の間に、「緩和ケア行為の実施」という語を挿入する。

この法律を審署し、国璽により署名され官報に公布されることを命ずる。

(本田 まり　訳)

注
1　Moniteur Belge du 26 octobre 2002, p.49160
2　「継続的」および「緩和的」という文言が追加された。
3　看護技術に関する1974年12月20日の法律（loi relative à l'art infirmier du 20 décembre 1974）により改正されている。

3 安楽死に関する事前の宣言書[1] （ベルギー王国　法的根拠：2003年4月2日の王令）

項目 I. 必須データ

A. 事前の宣言の対象
氏名：　　　　　　　　　　　　は、
(*) 本人が意思をもはや表明できない場合に、安楽死に関する2002年5月28日の法律に規定されたすべての要件が満たされるときには、医師が安楽死を実施することを要請します。
(*)（日付）(1)に作成された、安楽死に関する事前の宣言を確認します。
(*)（日付）(1)に作成された、安楽死に関する事前の宣言を修正します。
(*)（日付）(1)に作成された、安楽死に関する事前の宣言を撤回します。

B. 申請者の個人データ
私の個人データは、次のとおりです。
- 主たる居所：
- 正式な住所：
- 全国登録番号：
- 生年月日（日／月／年）および出生地：

C. 事前の宣言の特性
この宣言は、自由に、かつ意識のある状態でなされました。これは、2人の証人、および
場合によっては受任者（ら）の署名により承認されます。
私は、この事前の宣言が尊重されることを望みます。

(*) 該当しない項目を線で消す
(1) 必要に応じて
(2) 1) 以下で繰り返されるデータは、指名された各受任者について記載される

D. 証人
証人（その面前で、私がこの事前の宣言を作成した者）は、次のとおりです。
1) 氏名：
   主たる居所：
   正式な住所：
   全国登録における識別番号：
   電話番号：
   生年月日および出生地：
   場合によっては親族関係：

2) 氏名：
   主たる居所：
   正式な住所：
   全国登録における識別番号：
   電話番号：
   生年月日および出生地：
   場合によっては親族関係：

項目 II. 任意データ

A. 場合によっては指名された受任者
事前の宣言が適用され、手続の際に受任者（ら）が関与する状況に私が陥った場合には、
直ちに情報を与えてほしい受任者（ら）として、私は以下の者を優先順に指名します。

1) 氏名：
   主たる居所：
   正式な住所：
   全国登録における識別番号：

電話番号：
生年月日および出生地：
場合によっては親族関係：

〔2)〜10)まで、同様に繰り返される〕

B. 事前の宣言を作成し署名することが肉体的に不可能な者により記載されるデータ

私が、この事前の宣言を作成し署名することが肉体的に不可能な理由は、次のとおりです。

証拠として、私は診断書を添付します。

この事前の宣言を書面により記入するために、私は（氏名）　　を指名しました。
上記の人物の個人データは、次のとおりです。
－ 主たる居所：
－ 正式な住所：
－ 全国登録における識別番号：
－ 電話番号：
－ 生年月日および出生地：
－ 場合によっては親族関係：

_____

この宣言は、署名されたものが（数）＿＿＿部作成され、（場所または人）において保管されます。

作成された　　場所＿＿＿＿＿＿＿＿＿＿＿＿＿＿日付＿＿＿＿＿＿＿＿＿＿＿＿

市町村公務員の署名および印

日付および申請者の署名

日付および申請者が〔作成し署名することが〕肉体的に永続して不可能な場合に指名された者の署名（1）：

日付および2人の証人の署名：

日付および指名された受任者（ら）の署名（1）：
（それぞれの日付および署名について、職業および氏を記載する）

（本田 まり 訳）

注
1 原文は、Portail belgium.be, Euthanasie: un droit strictement réglementé に掲載されている。<http://www.health.belgium.be/internet2Prd/groups/public/@public/@dgl/@acutecare/documents/ie2form/19060547.pdf>（2016年3月現在）

4 安楽死を未成年者に拡張することを目的として、安楽死に関する2002年5月28日の法律を改正する2014年2月28日の法律

28 FEVRIER 2014. - Loi modifiant la loi du 28 mai 2002 relative à l'euthanasie, en vue d'étendre l'euthanasie aux mineurs [1]

第1条　この法律は、憲法第78条に掲げられる事項を規定する。
第2条　安楽死に関する2002年5月28日の法律第3条を、次のように改正する。
 a) §1第1項、第1ダッシュ（tiret）を次のように置き換える。
 「－患者が、成年もしくは〔親権もしくは後見から〕解放された（émancipé）未成年であって法的能力があり（capable）、または事理弁識能力（capacité de discernement）〔以下、判断能力〕を有する未成年であり、かつ本人の要請の時点で意識があること」
 b) §1第1項、第3ダッシュにおいて、「患者（le patient）」と「……にあり（se trouve）」という語の間に「成年の患者または解放された未成年の」という語を挿入する。
 c) §1第1項を、次のように規定される第4ダッシュにより補足する。
 「－判断能力を有する未成年の患者が、持続的で耐えがたい肉体的苦痛について医学的に解決策のない状態にあり、その苦痛は緩和されることができず、短期間の内に死をもたらし、かつ事故または病気による重篤で不治の疾患に起因すること」
 d) §2を、次のように規定される7°により補足する。
 「7°　さらに、患者が解放されていない未成年の場合には、この相談の理由を明確にしつつ、児童精神医学者（pédopsychiatre）または心理学者（psychologue）に相談する。
 　相談を受けた専門家は、診療録の内容を把握し、患者を診察し、未成年者の判断能力を確認し、書面によりそれを証明する。
 　主治医は、この相談の結果を、患者およびその法定代理人ら（représentants légaux）に知らせる。
 　主治医は、§2の1°の対象となるすべての情報を提供しつつ、未成年者の法定代理人らと話し合い、かつ未成年の患者の要請について彼らが承諾（accord）を表明していることを確認する。」

e) §3冒頭の文において、「死亡が……という（que le décès）」と「明らかに起こらない（n'interviendra manifestement pas）」という語の間に「成年の患者または解放された未成年の患者の」という語を挿入する。

f) §4において、「患者の要請は、書面によりなされなければならない」を次のように置き換える。

「患者の要請、および患者が未成年の場合には法定代理人らの承諾は、書面によりなされる。」

g) 次のように規定される§4/1を挿入する。

「§4/1　患者の要請が医師により取り扱われた後、心理学的な付添い（accompagnement）の可能性が当事者らに提供される。」

第3条　同法第7条第4項1°を、「ならびに未成年の患者に関しては解放されているか否か」という語により補足する。

(本田 まり　訳)

注
1　Moniteur Belge du 12 mars 2014, p.21053

3　ルクセンブルク

（翻訳　小林真紀）

1　緩和ケア、事前指示書および終末期の付添いに関する2009年3月16日の法律

Loi du 16 mars 2009 relative aux soins palliatifs, à la directive anticipée et à l'accompagnement en fin de vie[1]

　ルクセンブルク大公兼ナッサウ公アンリと、国民議会（Chambre des Députés）の2008年12月18日の決定および第2回投票は不要であるとした国務院（Conseil d'Etat）の2008年12月19日の決定に鑑みて国民議会の承認について了承した国務院は、以下の通り命じる：

第1章　緩和ケアを受ける権利
第1条　緩和ケアを受ける権利の内容および定義
　その原因を問わず、重篤かつ不治の疾患の進行期あるいは末期にある者（以下、《終末期にある者》と称する）は、誰でも、緩和ケアを受ける権利（droit aux soins palliatifs）を有する。
　緩和ケアとは、能動的、継続的かつ連携の取れたケアであり、ケアを受ける者の尊厳を尊重しつつ、複数の分野の専門家からなるチームによって実行されるものである。緩和ケアは、ケアを受ける者の肉体的および精神的要求のすべてに応え、患者の周囲の者を支える目的をもつ。緩和ケアには、疼痛および精神的苦痛のケアが含まれる。
　緩和ケアは、病院、疾病保険および介護保険に関する法律に基づいて認定された施設あるいは在宅で行われる。在宅でケアを受ける者あるいは支援やケアを受ける目的で施設にいる者のために、病院との緊密な協力が保障される。患者のために働く様々な分野の提供者によって与えられる供給品、治療およびサービスは、ケア手帳に記録される。同手帳の形式および内容は、要請を受けた業者を代表する団体からの意見に基づき、大公国が定める行政立法が決定する。
　国は、医療スタッフおよびケアスタッフの適切な養成を保障する。大公国の行政立法に基づき、医師およびその他の保健に関する業務に携わる者のた

めに、緩和ケアに特化した医療者の養成の組織を定める。

第2条　非合理的な執拗さに対する拒否（Refus de l'obstination déraisonnable）

　その原因を問わず、重篤かつ不治と判断される疾患の進行期あるいは末期において、終末期にある者の状態に鑑みて不適切な検査（examens）や治療（traitements）を行うことを拒否したり差し控えたりしたこと、かつ、当時の医学的知見に基づき、当該患者にその状態の緩和、改善あるいは完治の望みを与えなかったことを理由として、医師は、刑事上の制裁を科されることはなく、また民事上の賠償請求訴訟を提起されることはない。

　前項の規定は、医師自らが、前条に規定された緩和ケアを終末期にある者に提供したり、それに着手したりする義務を妨げるものではない。

第3条　疼痛に関わる治療の副作用（Effet secondaire du traitement de la douleur）

　医師は、終末期にある患者の肉体的および精神的苦痛を効果的に緩和すべき義務を負う。

　医師が、死期を早める副作用が発生する治療を行わなければ、重篤かつ不治の疾患の進行期あるいは末期にある患者の痛みを、その原因がいかなるものであれ、効果的に緩和することができないと判断した場合には、医師は、当該患者にそのことについて知らせ、患者の同意を得なければならない。

第2章　終末期にある者の意思および事前の指示

第4条　終末期にある者の意思

　前章に規定されている状態にある終末期の者が、前条に規定されている疼痛に関わる治療を含む、本人の終末期における治療の条件、制限および中止について意思を表明できない場合には、医師は当該者の推定される意思を確認するよう努める。

　意思確認の際には、医師は、第5条に規定されている受任者（personne de confiance）に意見を求める。医師は、その終末期にある者の意思を知りうるあらゆる他の人にも、意見を求めることができる。

第5条　事前指示書の内容および形式

　(1) 何人も、その原因を問わず、重篤かつ不治の疾患の進行期あるいは末期にあって意思を表明することができない場合に備えて、第3条に規定されている疼痛治療を含む治療の条件、制限および中止についての終末期に関する意思および精神的な支援について、《事前指示書（directive anticipée）》と呼

ばれる文書によって意思を表明することができる。

　(2) これらの事前指示を行う者が、意思を表明することはできるものの、自ら文書を作成したり署名したりできない時には、その者は、自分が作成できなかった文書が、十分な説明に基づく自由な意思によるものであることを証明する2名の証人を求めることができる。これらの証人は、氏名および資格を記入し、その証明は事前指示書に添付される。

　(3) 事前指示書には、終末期にある者が意思を表明できない場合に、医師から意見を求められる受任者について記載することができる。

　(4) 作成者は、いつでも、事前指示書を修正あるいは破棄することができる。事前指示書は、修正された場合も同様に、第2パラグラフの規定に留保された条件のもとで、本人が書面により作成し日付と署名を記入しなければならない。

第6条　事前指示書の効果

　(1) 主治医は、診療録（カルテ）に添付されているか、あるいはその存在を知りうる事前指示書を考慮に入れなければならない。

　(2) 前章に規定されている終末期にある者が、疼痛治療を含む治療の条件、制限および中止に関する意思を表明できない場合で、かつ医師が所有する診療録に予め事前指示書が添付されていない場合には、医師は、受任者が指名されている場合にはその者に、あるいは事前指示書の存在について知りうると思われるあらゆる人に、そのような事前指示書があるか否かについて聴取する。

　(3) 医師は、当該事前指示書が想定している内容が終末期にある者が予測する状態に合致するかいなかを判断し、その作成から後の医学的知見の進展を考慮に入れる。

　(4) 医師が、事前指示書の内容を断念する場合には、その理由を終末期にある者の診療録に記載し、受任者あるいはその者がいない場合には家族に対して、その旨を知らせる。

　(5) 事前指示書が主治医の信条に反する場合には、当該医師は、受任者あるいは家族と協議して、24時間以内に、当該事前指示書を遵守しうる別の医師に患者を移送しなければならない。

第7条　事前指示書の閲覧

　事前指示書の閲覧は、その求めに応じて、原因を問わず重篤かつ不治の疾

患の進行期あるいは末期にある患者を担当するあらゆる医師に対して認められる。

　事前指示書を作成した者は、入院時に自ら医療スタッフまたはケアスタッフに事前指示書を渡すことができる。併せて、当該作成者はいつでも自身の主治医に事前指示書を渡すことができる。

　事前指示書が終末期にある者によって別の者に渡され、かつその者が、原因を問わず事前指示書の作成者の重篤かつ不治の疾患の進行期あるいは末期の状態について理解している場合には、当該者を担当する医療スタッフに事前指示書を引き渡すものとする。

　いかなる場合でも、事前指示書は、診療録、場合によってはケアついて書かれた書類に添付される。

第8条　施行に関する規定

　事前指示書の一極化された登録の方法については、大公国の行政立法が規律する。同法は、登録および中央の登録局へのアクセスを保障する手続について定める。

第3章　終末期にある者の付添人の休暇

第9条　労働法典（Code du travail）の第2編第3章第4節に《10. 付添休暇》と称される以下の規定を追加する：

　《L234-65条　終末期にある者の付添いのための特別休暇（以下、《付添休暇》と称する）を創設する。これは、一親等の直系尊属または卑属の親族、または二親等の傍系親族、配偶者あるいはパートナーについての法的効果に関わる2004年7月9日の法律[2]第2条[3]に定められたパートナーが、末期の重篤な疾患に侵されている場合には、あらゆる労働者が請求しうるものである。

　L234-66条　付添休暇の期間は、1つの案件につき、1年に5日を超えてはならない。

　　付添休暇は、分割して取ることができる。労働者は、使用者との合意の上で、付添休暇を部分的に取ることができる。この場合、休暇の期間は比例して延長される。

　　付添休暇は、終末期にある者の死亡により終了する。

　L234-67条　付添休暇は、同時期には、1名のみに認められる。

但し、その期間に、複数名の者が終末期にある者の付添いをする場合には、休暇の合計が 40 時間を超えない範囲で、各人が部分的な付添休暇を取ることができる。

L 234-68 条　付添休暇中の欠勤については、終末期にある者が重篤な疾患の末期であること、および継続的な付添いが必要であることを証明する医師によって作成された証明書に基づき、賃金が補償される。

休暇の取得者は、遅くとも欠勤の初日までに、本人または仲介人を通して、口頭または書面により、使用者またはその代理人に休暇の取得について申し出なければならない。

使用者または疾病基金からの要請により、労働者は、付添休暇の取得に必要な諸条件を満たしていることを証明しなければならない。

L 234-69 条　(1) 付添休暇期間は疾病または事故による労働不能期間とみなされる。この間、休暇取得者に対しても、社会保障および労働の保護に関する法規定は適用される。

(2) L 234-68 条にしたがい申出を受けた使用者は、労働契約を解除すること、あるいは場合によっては、L 124-2 条に規定された事前面談への呼び出しを通告することは認められない。

前項の規定は、医師による証明が提出されない場合には、使用者に対して適用されない。

前項の規定は、有期雇用契約の終了または事実上の重大な理由あるいは労働者の過失に基づく期限のない雇用契約または有期雇用契約の解除を妨げない。併せて、労働法典 L 125-1 条および L 121-5 条の規定も適用される。本パラグラフの規定に反して契約を解除することは権利濫用に当たる。

(3) 契約解除の通知書の受領、場合によっては事前面談への呼び出し状の受領ののちに、労働者が申し出た場合、あるいは L 234-69 条に規定されている医師の証明が提出された場合には、第 2 パラグラフの規定は適用されない。

L 234-70 条　一方を使用者、他方を労働者とする労働契約または研修契約の不履行という形でなされた付添休暇に関する異議申立ては、すべて労働裁判所の管轄とする。》

第4章　改正規定および最終規定

第10条　社会保障法典（Code de la sécurité sociale）を次のように改正する：
1. 第9条に以下の第3項と称する次の規定を追加する：
《疾病に対する金銭的補償は、労働法典L 234-66条に鑑み、一定期間においてなされる》
2. 第17条1項に第10号と称する次の規定を追加する：
《10. 緩和ケアとは、終末期における緩和ケア、事前指示書およびに付添いに関する2009年3月16日の法律第1条に定義されている緩和ケアと定義される》
3. 第17条に次の項を追加する：
《緩和ケアを受ける権利が認められる条件の詳細については大公国の行政立法によって定められる》
4. 第61条第2項に第12号と称する次の規定を追加する：
《(12) 緩和ケアに関しては、サポートとケアのネットワークのために、第389条および第391条にそれぞれ定められているサポートおよびケアのための施設、終末期にある者を受け入れるセンターを、家族に関わる事項を管轄する省の大臣がその権限に基づいて認定する》
5. 第65条第1項および第2項を次のように改正する：
《第61条第2項第1号から第7号および第12号に該当するケアの従事者が提供した、疾病および出産に関する保険で賄われる専門的な治療行為、サービスおよび補装具については、複数の一覧に記載される。

　第61条第2項第1号から第4号および第12号に該当するケアを受ける者の一覧のそれぞれの中で、各治療行為あるいはサービスは、同一の重要記号と一つの係数によって表される。重要記号とは、協定によって定められる金銭的価値をもつ記号である。係数とは、前項の一覧のそれぞれの中に記載されている専門的治療の価値を示す数値である》
6. 第66条第2項を次のように改正する：
《第61条第2項第1号から第3号および第12号に定められているケアを受ける者の一覧に使われる重要記号の価値は、1948年1月1日における生活費指数を百とする数に相当し、受ける治療に適用される手続と国家公務員の給与をもとに調整される》
7. 第349条に次項を追加する：
《終末期における緩和ケア、事前指示書およびに付添いに関する2009年

3月16日の法律第1条に定める緩和ケアを必要とする者も、本編に規律されているサービスを受けることができる》

8. 第350条第2パラグラフに次のd)号を追加する：

《d) 緩和ケアの分野における、本条の第6パラグラフに基づき認可される特別なケアおよびサービス》

9. 第350条に次の第6パラグラフを追加する：

《(6) 前述の規定の例外として、緩和ケアの受給者は生活に必要な基本的活動に対する権利および第350条第2パラグラフa)が定める家事の請負に対する権利および第356条第1パラグラフが定める支援およびケアに必要な物品に対する権利を有する。これらの給付は、353条1項を上限として、支援とケアの受給者の要請に基づき標準的な計算を基礎として付与される。これらの給付を受ける権利の詳細は大公国の行政立法が規律する》

10. 第351条に次項を追加する：

《緩和ケアを受ける権利の付与は、社会保障医療監督局の意見に基づき、介護保健管理機関によって決定される》

11. 第354条に次項を追加する：

《金銭による給付の受給者は、緩和ケアを受ける権利が認められた時点で、同給付を継続する権利を有する》

第11条　国家公務員の一般的地位に関する1979年4月16日の改正法に以下の規定を追加する：

1. 第28条第1パラグラフ2項にq)号を追加する：

《q) 付添休暇》

2. 第29条の8の次に、次の第29条の9を追加する：

《第29条の9　付添休暇

一親等の直系尊属または卑属の親族、または二親等の傍系親族、配偶者あるいはパートナーについての法的効果に関わる2004年7月9日の法律2条に定められたパートナーが、末期の重篤な疾患に侵されている場合には、国家公務員は、その請求に基づき、付添休暇と称する休暇を取る権利を有する。

2. 付添休暇の期間は、1つの案件につき、1年に5日を超えてはならない。

付添休暇は、分割して取ることができる。労働者は、使用者との合意の上で、付添休暇を部分的に取ることができる。この場合、休暇の期間は比例して延長される。

　付添休暇は、終末期にある者の死亡により終了する。

3.　付添休暇は、同時期には、1名のみに認められる。

　但し、その期間に、複数名の者が終末期にある者の付添いをする場合には、休暇の合計が40時間を超えない範囲で、各人が部分的な付添休暇を取ることができる。

4.　付添休暇中の欠勤については、終末期にある者が重篤な疾患の末期であること、および継続的な付添いが必要であることを証明する医師によって作成された証明書に基づき、賃金が補償される。

　休暇の取得者は、遅くとも欠勤の初日までに、本人または仲介人を通して、口頭または書面により、行政の長またはその代理人に休暇の取得について申し出なければならない。

　行政庁の要請により、国家公務員は、付添休暇の取得に必要な諸条件を満たしていることを証明しなければならない。》

第12条　地方公務員の一般的地位に関する1985年12月24日の改正法に以下の規定を追加する：

1.　第29条第1パラグラフ第2項にm）号を追加する：

　《m）付添休暇》

2.　第30条の8の次に、次の第30条の9を追加する：

　《第30条の9　付添休暇

　　一親等の直系尊属または卑属の親族、または二親等の傍系親族、配偶者あるいはパートナーについての法的効果に関わる2004年7月9日の法律2条に定められたパートナーが、末期の重篤な疾患に侵されている場合には、公務員は、その請求に基づき、付添休暇と称する休暇を取る権利を有する。

2.　付添休暇の期間は、1つの案件につき、1年に5日を超えてはならない。

　付添休暇は、分割して取ることができる。労働者は、使用者との合意の上で、付添休暇を部分的に取ることができる。この場合、休暇の期間は比例して延長される。

付添休暇は、終末期にある者の死亡により終了する。
3. 付添休暇は、同時期には、1名のみに認められる。

但し、その期間に、複数名の者が終末期にある者の付添いをする場合には、休暇の合計が40時間を超えない範囲で、各人が部分的な付添休暇を取ることができる。

4. 付添休暇中の欠勤については、終末期にある者が重篤な疾患の末期であること、および継続的な付添いが必要であることを証明する医師によって作成された証明書に基づき、賃金が補償される。

休暇の取得者は、遅くとも欠勤の初日までに、本人または仲介人を通して、口頭または書面により、市町村長および助役またはその代理人に休暇の取得について申し出なければならない。

行政庁の要請により、公務員は付添休暇の取得に必要な要件を満たしていることを証明しなければならない》

第13条 本法を参照する際には、《終末期における緩和ケア、事前指示書および付添いに関する2009年3月16日の法律》の用語を使って省略形で表される。

第14条 本法は、メモリアル（官報）に公示された翌月の第1日よりその効力を発生する。但し、第10条については、メモリアルへの公示から4ヶ月後の月の第1日から効力をもつ。

王命により、本法は、施行のためにメモリアルに掲載され、関係するすべての者はこれを遵守しなければならない。

保健および社会保障担当大臣
マルス・ディ・バルトロメオ（署名）
Mars Di Bartolomeo

家族および統合担当大臣
マリージョゼ　ジャコブ（署名）
Marie-Josée Jacobs

ルクセンブルク宮殿、2009年3月16日
アンリ大公（署名）
Henri

注
1 正式名称は次の通りである。Loi du 16 mars 2009 relative aux soins palliatifs, à la directive anticipée et à l'accompagnement en fin de vie et modifiant:
 1. le Code de la sécurité sociale;
 2. la loi modifiée du 16 avril 1979 fixant le statut général des fonctionnaires de l'Etat;
 3. la loi modifiée du 24 décembre 1985 fixant le statut général des fonctionnaires communaux;
 4. le Code du travail,
 Mémorial (Journal Officiel du Grand-Duché de Luxembourg) A, n°46, 16 mars 2009, p.610.
2 Loi du 9 juillet 2004 relative aux effets légaux de certains partenariats, Mémorial A, n°143, 6 août 2004.
3 同法2条は、2名の、異性または同性の者が共同生活を送ることを市町村の身分吏の前で宣言したカップルに関する規定である。

2　安楽死および自殺幇助に関する2009年3月16日の法律

Loi du 16 mars 2009 sur l'euthanasie et l'assistance au suicide[1]

　ルクセンブルク大公兼ナッサウ公アンリと、国民議会（Chambre des Députés）の 2008 年 12 月 18 日の決定および第 2 回投票は不要であるとした国務院（Conseil d'Etat）の 2008 年 12 月 19 日の決定に鑑みて国民議会の承認について了承した国務院は、以下の通り命じる：

第 1 章　一般規定

第 1 条　本法の適用にあたり、安楽死（euthanasie）とは、患者の明白かつ自発的な要請に基づき、医師によってなされる、意図的にその者の生命を終わらせる行為を意味する。
　　自殺幇助（assistance au suicide）とは、本人の明白かつ自発的な要請に基づき、医師が、意図的に他者の自殺を助けるか、他者に対してそのような効果をもつ手段を提供することを意味する。

第 2 章　安楽死または自殺幇助の要請、要件および手続

第 2 条　1.　医師が、次に掲げる実体的要件のもとで安楽死あるいは自殺幇助の要請に応じることに対して、刑事上の制裁が科されることはなく、またそれは民事上の賠償請求訴訟が提起される理由にもなりえない：
　　1）　患者が、法的能力のある成年であり、要請を行った際に意識がはっきりしていること
　　2）　要請が、自発的で十分に考慮され、場合によっては、繰り返しなされたものであり、かつ外部からの圧力によるものでないこと
　　3）　患者が、医学的に解決策がない状態にあり、事故または疾患の結果として、改善の見込みのない、持続的かつ耐えがたい肉体的または精神的な苦痛に苛まれていること
　　4）　患者による安楽死または自殺幇助の要請が、書面により表明されていること
2.　医師は、あらゆる場合において、安楽死または自殺幇助を行う前に、次に

掲げる実体的かつ手続的要件を満たさなければならない：
1) 医師は、患者に、その健康状態および余命について知らせ、患者と安楽死または自殺幇助の要請について十分に協議し、考えられうる治療上の可能性および緩和ケアとその結果がもたらす可能性を提示しなければならない。医師は、患者の要請が自発的であり、患者の視点に立てば、その状況下でほかに受け入れうる方法がないことについて確信がなければならない。患者との協議は診療録（カルテ）に記載され、その記載は患者に情報を提供したことの証明となる。
2) 医者は、患者の肉体的または精神的苦痛が継続していること、および患者の意思が最近になって繰り返し表明されたものであることを確認しなければならない。この目的のため、医師は、患者の病状の進行状況に鑑みて合理的であると考えられる期間をあけて、複数回にわたり、患者と面談する。
3) 医師は、患者の疾病が重篤で不治の性質のものであるかについて、理由を明確にした上で他の医師に意見を求める。意見を求められた医師は、診療録を読み、患者を診察し、患者の肉体的または精神的苦痛が持続的かつ耐えがたいものであり、改善の見込みがないことを確認する。同医師は、自らの所見について報告書を作成する。意見を求められた医師は、患者および主治医に対して公平でなければならず、関係する疾患について知見のある者でなければならない。主治医は、この相談の結果を患者に伝える。
4) 患者が反対しない限り、医師は、患者と定期的に接触しているケアチームあるいはその構成員とともに、患者からの要請について検討を行う。
5) 患者が反対しない限り、医師は、本人が終末期の意向書のなかで指名した受任者（personne de confiance）、あるいは本人から安楽死または自殺幇助の要請があったときに指名された受任者と、患者からの要請について検討を行う。
6) 医師は、患者が会うこと望む人とともに要請について検討する機会があったことを確認する。
7) 医師は、患者の名前で終末期の意向書が登録されているか否かについて、国立監督評価委員会に照会する。

　　患者の要請は、書面で示されなければならない。書面は、患者本人が

作成し、日付を入れ、署名する。要請について作成し署名することが永続的に肉体的に不可能である場合には、その要請は、患者が選任した1名の成年者により、書面によってなされる。

患者に依頼された成年者は、患者が書面でその要請を作成できる状態にないこと、およびその理由を記載しなければならない。この場合、要請は、患者によって、または主治医の前で要請を書面化した者によって、作成し署名される。その際、主治医の名前もその書面に記載される。医師はこの書類を診療録に添付しなければならない。

患者は、いつでも、自分の要請を取り消すことができる。その場合、書面は診療録から取り外され、患者のもとに返却される。

患者による要請のすべて、および主治医の手続とその結果（そこには、1名または複数名の意見を求められた医師の報告書も含まれる）は、患者の診療録に正しく記載される。

第3条　主治医は、必要があると認めるときは、自ら選んだ専門家に付添いまたは意見を求め、その見解や、専門家が関与したことの証明を患者の診療録に記載することができる。それが医学的な鑑定である場合には、意見または証明を患者の診療録に記載する。

第3章　終末期の意向書

第4条　1.　成年で能力のある者はすべて、自らの意思をもはや表示しえない時のために、終末期の意向書（dispositions de fin de vie）の中に、医師が次に掲げる事項を確認した場合に自分が安楽死を望む状況と条件について、書面に記載することができる：
 －当該患者が、事故あるいは病理に起因する重篤かつ不治の疾患を患っていること
 －当該患者の意識がないこと
 －かつその状況が現在の科学的知見によれば不可逆的であるといえること
さらに、終末期の意向書には、埋葬の方法および葬儀に関して執り行うべき措置を定める特別なファイルを追加することができる。

作成者は、終末期の意向書のなかで、成年の受任者を指名することができる。当該受任者は、作成者が直近に自分に告げたことをもとに、作成者の意思を主治医に対して知らせる。

終末期の意向書はいつでも作成できる。この意向書は、それを宣言する者によって書かれ、日付が記入され、署名されたものでなければならない。
2.　終末期の意向書の作成を希望する者が、それを作成し署名することが永続的に肉体的に不可能である場合には、その者が選んだ1名の成年者が、書面により終末期の意向書を作成することができる。終末期の意向書は、成年の2名の証人の前で作成される。このとき、終末期の意向書は、本人が作成および署名することが不可能であり、またその理由を表明できないことを明確にするものでなければならない。終末期の意向書は、その意向を書面にした者、証人、場合によっては受任者によって、日付が記入され署名されなければならない。

　　　終末期の意向書には、その作成が永続的に肉体的に不可能である旨を証明する医師の証明書を添付する。

　　　終末期の意向書は、終末期の意向書に関する組織化された登録の公的なシステムを通して国立監督評価委員会に登録される。

　　　終末期の意向書は、何度でも繰り返し、いつでも取消しあるいは修正することができる。国立監督評価委員会は、要請が登録されてから5年に一度は本人の意思を確認しなければならない。すべての変更は、国立監督評価委員会に登録されなければならない。但し、次に掲げる第3パラグラフに基づいて行われる手続に続いて、医師が、正式に終末期の意向書が登録されたのちに患者本人が安楽死の意向を取り消す旨の意思表示をしたことを知った場合には、いかなる安楽死も行われることはない。

　　　終末期にある患者または医学的に解決策のない状態にある患者の主治医は、国立監督評価委員会に対して、当該患者の名前で終末期の意向書が登録されていないかについて照会しなければならない。

　　　終末期の意向書の登録手続および終末期にある者を担当する医師がそれらの意向書にアクセスするための手続については、大公国の行政立法が規律する。同立法は、意向書の宣言者が利用するための様式を提示することができる。

3.　次に掲げる事項を医師が確認する場合には、第1パラグラフおよび第2パラグラフに定められている終末期の意向書に基づいて医師が安楽死の要請に応えたことに対して、刑事上の制裁が科されることはなく、また民事上の賠償請求訴訟が提起されることはない：

　　1）　患者が、事故あるいは病理に起因する重篤かつ不治の疾患を患ってい

ること
　　2）　患者の意識がないこと
　　3）　その状況が現在の科学的知見によれば不可逆的であるといえること
　医師は、すべての場合において、かつ安楽死を実行する前に、次の実体的および手続的要件を遵守しなければならない：
　　1）　医師は、患者の医学的状況が不可逆的であることについて、理由を明確にした上で他の医師に意見を求める。意見を求められた医師は、診療録の内容を十分に読み、患者を診察する。同医師は、自らの所見について報告書を作成する。終末期の意向書の中で受任者が指名されている場合には、主治医は、当該受任者に対してこの相談の結果を知らせる。意見を求められた医師は、患者に対しても主治医に対しても公平でなければならず、また同医師は、関係する疾患について知見のある者でなければならない。
　　2）　患者と定期的に接触しているケアチームがある場合には、医師は当該ケアチームまたはその構成員と終末期の意向書の内容について検討を行う。
　　3）　終末期の意向書が受任者を指名している場合には、医師は、この受任者と患者の意思について検討を行う。
　　4）　終末期の意向書が受任者を指名している場合には、医師は、この受任者が指名する患者の近親者と患者の意思について検討を行う。
　終末期の意向書および主治医の手続の全部およびその結果（意見を求められた別の医師の報告書も含む）は、患者の診療録に記載される。

第4章　正式な届出（Déclaration officielle）
第5条　安楽死または自殺幇助を実施する医師は、8日以内に、十分に記載された、第7条が規定する登録書類を、本法第6条が定める国立監督評価委員会に提出しなければならない。

第5章　国立監督評価委員会
第6条　1．本法の適用に関する国立監督評価委員会（Commission Nationale de Contrôle et d'Evaluation）を設置する。以下、《委員会》と称する。
2．委員会は、委員会の管轄に属する分野に関わる知見と経験に基づき指名さ

れる9名の構成員によって構成される。

3名は、医師である。1名は医療従事者団体から推薦される。医師および歯科医師を最もよく代表する機関が2名を推薦し、うち1名は疼痛の処置に関する専門的な経験を有する。

3名は法律家である。1名は、弁護士会の意見に基づき推薦される裁判所付弁護士、1名は、最高裁判所から推薦される司法官、そしてルクセンブルク大学の教授1名である。

1名は、保健に関わるいくつかの職業の理事会が推薦する、保健に携わる者である。

2名は、患者の権利の擁護を目的とする団体の代表である。

前述の機関の一つが、与えられた期限内に推薦できない場合には、保健省の大臣がその権限において不足している分の推薦を行う。

委員会の構成員は、大公によって3年を任期として任命される。この任期は3回更新することができる。

委員会の構成員の資格は、国民議会議員、政府または国務院の構成員たる資格と両立しえない。委員会は、互選により委員長を選出する。委員会は少なくとも7名が出席しなければ採決できない。委員会は、単純多数決により決定する。

3. 委員会は内規を作成する。

第7条　委員会は、正式な届出のための書類を作成する。医師は、安楽死を実施するたびにこれを記入し、同委員会へ提出する義務を負う。

　　この書類は第一のファイルと第二のファイルからなる。第一のファイルは医師が封印する。これには次のデータが含まれる：

－患者の姓、名、住所
－主治医の姓、名、医師コード、住所
－安楽死または自殺幇助の要請について意見を求められた（1名または複数名の）医師の姓、名、医師コード、住所
－主治医により意見を求められたすべての者の姓、名、住所および資格（職業）、ならびに意見を求めた日付
－終末期の意向書がある場合でかつそれが1名の受任者を指名している場合、関係する当該受任者の姓および名

　　第一のファイルは非公開である。これは、医師によって委員会に送られる。

第一のファイルは、本条の次項に定める決定が行われたあとに限り、参照することができる。第一のファイルは、いかなる場合も、委員会による評価の根拠にはならない。

　第二のファイルも非公開であり、次のデータを含む：
－終末期の意向書、あるいは安楽死または自殺幇助の要請の有無
－患者の年齢および性別
－患者が罹患していた、事故あるいは病理に起因する重篤かつ不治の疾患に関する記述
－持続的で耐えがたい苦痛の性質
－その苦痛が、改善の見込みがないと判断された理由
－要請が、自発的で、熟考され、繰り返され、かつ外部からの圧力によらないものであると確認することを可能にした要素
－医師が行った手続
－意見を求めた1名または複数名の医師の評価、その相談に対する所見およびその日付
－必要に応じて医師が意見を求めた人および専門家の資格、意見を求めた日付
－主治医が安楽死または自殺幇助を実施した状況の詳細およびその方法

第8条　委員会は、医師が十分に記入し提出した正式な届出を審査する。委員会は、登録書類の第二のファイルに基づき、本法が定める条件および手続が遵守されていたか否かを審査する。

　疑義がある場合には、委員会は、少なくとも7名が出席する場での単純多数決により、匿名を解除することを決定できる。引き続き、委員会は、第一のファイルの中身を明らかにする。委員会は、主治医に対して、安楽死または自殺幇助に関する診療録のすべての要素を提出するよう求めることができる。

　委員会は、2ヶ月以内に決定を下す。

　委員会が、少なくとも7名の出席者の過半数による決定により、本法第2条第2パラグラフの要件が満たされていないと判断した場合には、委員会は、その決定に理由を付して主治医に送付するとともに、すべての書類および理由が付された決定の副本を医師会（Collège médical）に送る。医師会は、1ヶ月以内に決定を下す。医師会は、構成員の過半数により、懲戒手続を採るべ

きか否かについて決定する。本法第2条第1パラグラフに定められた要件が遵守されていない場合には、委員会は書類を検察（Parquet）に送付する。

第9条　委員会は、国民議会宛に、本法の発効の時から2年以内に1回、それ以降は2年毎に以下のものを作成する：

　　a）第8条に基づき医師が記入し提出した登録書類の第二のファイルから得られた情報に基づく統計の報告書
　　b）本法の適用の詳細と評価に関する報告書
　　c）必要に応じて、立法上の手続の開始につながる勧告、および／または本法の執行に関わる他の措置

　委員会は、これらの任務を果たすために、各種省庁および機関から有益な情報を収集することができる。委員会によって収集された情報は非公開とする。

　これらの文書の中に、第8条に定められた監督の枠組みで委員会に提出された書類に記載された者の身元は一切含めてはならない。

　委員会は、すべての個人的なデータを除き、統計上の純粋に技術的な情報を、理由を付した請求を行った研究チームに知らせることを決定できる。

　委員会は、専門家の意見を聴くことができる。

第10条　委員会は、その任務を果たすために、政府により配置された行政官に意見を求めることができる。

第11条　国立監督評価委員会の活動費は、国庫により賄われる。

第12条　本法の適用により協力したいかなる者も、その資格を問わず、課された任務あるいはそれに関係する任務を遂行する中で得られたデータの秘密を守らなければならない。

第13条　最初の報告書の提出、場合によっては第9条が定める委員会による勧告から6ヶ月以内に、国民議会は、この問題について審議を開始する。この6ヶ月の期限は、国民議会が解散されている間、および／または国民議会の信任を受けた政府が存在しない間は中断される。

第6章　改正規定

第14条　刑法典（Code pénal）に、次の第397条の1を挿入する：

《第397条の1　医師が、安楽死および自殺幇助に関する2009年3月16日の法律に定められた実体的要件を満たした上で、安楽死または自殺幇助の要請に応えた場合は、本セクション[2]の適用範囲から除外される》

第7章　特別規定

第15条　いかなる医師も、安楽死または自殺幇助を実施する義務を負わない。

　それ以外のいかなる者も、安楽死または自殺幇助を実施する義務を負わされることはない。

　意見を求められた医師が安楽死または自殺幇助を実施することを拒む場合には、当該医師は、24時間以内に、その拒否の理由を明確にして、患者および／または受任者がいる場合には当該受任者に対して、その旨を知らせなければならない。

　安楽死または自殺幇助の要請に応えることを拒んだ医師は、患者または受任者からの要請に基づき、当該患者の診療録を、患者または受任者が指名した医師に送付しなければならない。

第8章　移行規定

第16条　保健に関わる事項を所轄する大臣は、予算法律が定める上限数を超えて、本法の適用に必要な2名の行政官にその任務を課すことができる。

　王命により、本法は、施行のためにメモリアル（官報）に掲載され、関係するすべての者はこれを遵守しなければならない。

保健および社会保障担当大臣
マルス・ディ・バルトロメオ（署名）
Mars Di Bartolomeo

　　　　　　　　　　　　　　　ルクセンブルク宮殿、2009年3月16日
　　　　　　　　　　　　　　　　　　　　　　　アンリ大公（署名）
　　　　　　　　　　　　　　　　　　　　　　　　　　　　Henri

注

1　Mémorial (Journal Officiel du Grand-Duché de Luxembourg) A, n°46, 16 mars 2009, p.615.

2　ルクセンブルク刑法典第2部第8編第1章「殺人および身体に対する傷害(De l'homicide et des lésions corporelles volontaires)」の第1セクション「殺人およびその他の種類（Du meurtre et de ses diverses espèces)」を意味する。ちなみに、同法397条は次のように規定している：「死に至らしめうる物質を用いて行われた殺人は、その物質がいかに使用されまたは投与されたものであっても、毒殺となる。この場合、終身刑が科される」。この条文の次に、安楽死法14条に則って刑法397条の1が付加された。

3　ルクセンブルク安楽死法の制定過程

2002 年 2 月 5 日	国民議会議員 Lydie Err 氏および Jean Huss 氏が、連名で、「尊厳を持って死ぬための権利に関する法案第 4909 号」（後に、「安楽死および自殺幇助に関する議員提出法案第 4909 号」に改称）を国民議会に提出する
2002 年 6 月 18 日	医師及び歯科医師協会（Association des Médecins et Médecins-Dentistes）による意見（Avis）の表明
2007 年 7 月 13 日	国務院（Conseil d'Etat）による答申（Avis）の公表
12 月 11 日	国務院による補足的答申の公表
2008 年 2 月 19 日	「尊厳を持って死ぬための権利に関する議員提出法案第 4909 号」について、国民議会が第一回投票を実施、可決
3 月 4 日	議会からの第二回投票免除の申請に対し、国務院が拒否の決定を下す
10 月 7 日	国務院による第二次補足的答申の公表
11 月 25 日	国務院による第三次補足的答申の公表
12 月 9 日	国務院による第四次補足的答申の公表
12 月 18 日	「安楽死および自殺幇助に関する議員提出法案第 4909 号」について、議会が第一回投票を実施、可決
12 月 19 日	国務院が、議会からの第二回投票の免除の申請を認める決定を下す
（その後）	大公が、憲法 34 条（当時）に基づき、法案の承認を拒否
2009 年 3 月 12 日	憲法 34 条の改正が成立　改正後の憲法 34 条の規定にしたがい、大公が法案に署名、「安楽死および自殺幇助に関する法律」が公布される
3 月 16 日	「安楽死および自殺幇助に関する法律」が官報（Mémorial）A に掲載される

4　国立監督評価委員会「安楽死および自殺幇助に関する2009年3月16日の法律　第3次報告書（2013年－2014年）」（抜粋）

出典：http://www.sante.public.lu/publications/sante-fil-vie/fin-vie/rapport-loi-euthanasie-2013-2014/rapport-loi-euthanasie-2013-2014.pdf

第一部　統計

1. 届出数

	2009	2010	2011	2012	2013	2014	合計
届出数	1	4	5	9	8	7	34

2. 要請または終末期の意向書による安楽死

	2009	2010	2011	2012	2013	2014	合計
安楽死の要請	1	4	4	9	8	7	33
終末期の意向書	—	—	—	1	—	—	1

3. 患者の性別

	2009	2010	2011	2012	2013	2014	合計
男性	0	2	4	3	2	2	13
女性	1	2	1	6	6	5	21

4. 患者の年齢

	2009	2010	2011	2012	2013	2014	合計
18-20	—	—	—	—	—	—	0
20-39	—	—	—	—	—	—	0
40-59	—	—	—	1	2	—	3
60-79	1	2	4	5	5	1	18
≥ 80	—	2	1	3	1	6	13
合計	1	4	5	9	8	7	34

5. 死亡した場所

	2009	2010	2011	2012	2013	2014	合計
自宅	—	2	2	1	—	1	6
病院	1	2	3	5	6	5	22
老人ホーム／介護施設	—	—	—	3	2	1	6
合計	1	4	5	9	8	7	34

6. 原因疾患

	2009	2010	2011	2012	2013	2014	合計
がん	1	4	4	7	5	6	27
神経変性疾患	—	—	1	2	2	1	6
脳血管障害・神経疾患	—	—	—	—	1	—	1
合計	1	4	5	9	8	7	34

7. 意見を求められた医師の種別

	2009	2010	2011	2012	2013	2014	合計
一般医	—	1	2	3	1	—	7
専門医	1	3	3	6	7	7	27
不明	—	—	—	—	—	—	—
合計	1	4	5	9	8	7	34

8. 安楽死の方法および使用された薬剤

	2009	2010	2011	2012	2013	2014	合計
バルビツール酸系のみ	—	—	—	1	—	—	1
バルビツール酸系＋筋弛緩薬	1	4	5	8	8	7	33
モルヒネ（単独または鎮静剤と併用）	—	—	—	—	—	—	—
その他	—	—	—	—	—	—	—
合計	1	4	5	9	8	7	34

9. 国立監督評価委員会の判断

	2009	2010	2011	2012	2013	2014	合計
第二部の審査後の承認	1	4	5	9	8	7	34
第一部の開示に基づく承認（医師に対する特記事項有・返答不要）	―	―	―	―	―	―	―
第一部の開示に基づく承認（医師による補足説明の要請付）	―	―	―	―	―	―	―
医師会送致	―	―	―	―	―	―	―
検察送致	―	―	―	―	―	―	―

《終末期の意向書について》

1. 登録された終末期の意向書の数

2009年4月1日―2010年12月31日	2011年1月1日―2012年12月31日	2013年1月1日―2014年12月31日	合計
681	568	699	1,948

2. 性別

	2009年4月1日―2010年12月31日	2011年1月1日―2012年12月31日	2013年1月1日―2014年12月31日	合計
男性	285	222	272	779
女性	396	346	427	1,169
合計	681	568	699	1,948

5 終末期の意向書のモデルについて

　終末期の意向書とは、患者が、将来的に、事故あるいは病理に起因する重篤かつ不治の疾患に罹患し、その時点での科学的知見に鑑みて不可逆的であると判断される状況に陥った時に備えて、安楽死を希望する旨をあらかじめ宣言するための文書である（安楽死法4条1項）。この終末期の意向書は、法的能力のある成年であれば誰でも作成できる。作成・署名が身体的な理由から不可能な者であっても、証人を介して作成可能である。作成者は、意向書を保健省内の国立監督評価委員会に登録しなければならないが、その後も、意向書を再確認したり、撤回または修正したりすることが可能である（同法4条2項）。以下に掲げるモデルは、保健省がホームページ上で公表している安楽死法に関する問答集[1]の中に収められており、一般に対して利用が推奨されている。以下は、フランス語版をもとに翻訳したものであるが、保健省からは、ドイツ語、英語およびポルトガル語でも同一のモデルが公表されている。

****

2009年3月16日の安楽死法に基づく終末期の意向書の例

終末期の意向書
項目Ⅰ　必須事項[2]

私に関する情報は、以下の通りです；

－姓名：＿＿＿＿＿＿＿＿＿＿＿＿＿＿＿＿＿＿＿＿＿＿＿＿＿＿
－住所：＿＿＿＿＿＿＿＿＿＿＿＿＿＿＿＿＿＿＿＿＿＿＿＿＿＿
－国民登録番号：＿＿＿＿＿＿＿＿＿＿＿＿＿＿＿＿＿＿＿＿＿＿
－生年月日および出生地：＿＿＿＿＿＿＿＿＿＿＿＿＿＿＿＿＿＿
－電話：＿＿＿＿＿＿＿＿＿＿＿＿＿＿＿＿＿＿＿＿＿＿＿＿＿＿
－携帯番号任意：＿＿＿＿＿＿＿＿＿＿＿＿＿＿＿＿＿＿＿＿＿＿
－メールアドレス（任意）：＿＿＿＿＿＿＿＿＿＿＿＿＿＿＿＿＿

宣言者が、意向書を作成し署名することが、身体的かつ恒常的に不可能である理由は、以下の通りです；

....
....

　　　　　　　　　　　　以上を証明するものとして、診断書を添付します。
_____

私は、書面によりこの宣言を付託するために、成年である（姓名）_____を指名しました。この者に関する情報は、以下の通りです；

－住所：_____
－国民登録番号：_____
－生年月日および出生地：_____
－(該当する場合) 親子・親戚関係：_____

私が意思表示できなくなった際に、医師が以下の事項を確認した場合には、安楽死の実施を望むことを、書面によって、この終末期の意向書の中に記載します(証書として作成させます)；
－ 事故あるいは病理に起因する重篤かつ不治の疾患を患っていること
－ 意識がないこと
－ かつその状況が現在の科学的知見によれば不可逆的であるといえること

_____

私が安楽死の実施を望む状況と条件に関する個人的な特記事項
....
....

以上につき、私は、私の自由な意思と自覚に基づき宣言します。
私は、この終末期の意向書が遵守されることを希望します。

宣言者による日付の記載および署名 _____

宣言者が、自ら意向書を作成し署名することが身体的かつ恒常的に不可能である場合に、この宣言を付託するために指名した受任者による日付の記載および署名

....

証　人

この宣言書は、以下の成年の証人の前で作成されました：

第一の証人

−姓名：_____
−住所：_____
−国民登録番号：_____
−生年月日および出生地：_____
−(該当する場合）親子・親戚関係：_____

第一の証人による日付の記載および署名 _____

第二の証人

−姓名：_____
−住所：_____
−国民登録番号：_____
−生年月日および出生地：_____
−(該当する場合）親子・親戚関係：_____

第二の証人による日付の記載および署名 _____

_____

項目 II　任意事項[3]

A.　直近の宣言に基づく本人の意思を医師に伝えるために、必要に応じて指名される、成年の受任者

－姓名：＿＿＿＿＿＿＿＿＿＿＿＿＿＿＿＿＿＿＿＿＿＿＿＿＿＿＿＿＿
－住所：＿＿＿＿＿＿＿＿＿＿＿＿＿＿＿＿＿＿＿＿＿＿＿＿＿＿＿＿＿
－国民登録番号：＿＿＿＿＿＿＿＿＿＿＿＿＿＿＿＿＿＿＿＿＿＿＿＿
－生年月日および出生地：＿＿＿＿＿＿＿＿＿＿＿＿＿＿＿＿＿＿＿
－（該当する場合）親子・親戚関係：＿＿＿＿＿＿＿＿＿＿＿＿＿＿

B.　埋葬および葬式の方法に関する意向（任意）

注

1　Ministère de la Santé / Ministère de la Sécurité Sociale, «L'euthanasie et l'assistance au suicide: 25 questions, 25 réponses», juin 2010,
http://www.sante.public.lu/fr/publications/e/euthanasie-assistance-suicide-questions-reponses-fr-de-pt-en/euthanasie-assistance-suicide-questions-fr.pdf
2　本人が意向書を作成・署名できない場合には、この項目Iについては、斜体で表記されている箇所にも必要に応じて記入することが求められる。
3　項目IIについては、意向書を本人が作成・署名する場合と作成・署名できない場合のいずれであっても同一の様式である。

おわりに

　「死ぬ権利（死を選ぶ権利）」は「生の権利」に矛盾するのでおかしいという人がいる。しかし、「死」と対立するのは「生」ではなくて、「誕生」である。「生」とは、「誕生」から「死」への過程のことである。だとするなら、「生の権利」とは「誕生することの権利」と「死ぬ権利」を自分のものにしてこそはじめて実現されるといえるのではないか。そしてこの「死ぬ権利」を保証する制度を求めて研究を始めて、ようやくオランダの生命終結の法の真実の姿が見えてきた気がする。

　いつ頃から医療上の生命終結の決定を求めて、ヨーロッパを旅することを始めただろうか。そもそもの出発は、1995年在外研究でドイツ・マインツ大学に来ていたとき、たまたまカトリック神学部のシラバスを見ていたら、医療倫理という講義科目名が目に入ったからだ。講義の主は道徳神学の教授、ヨハンネス・ライターだった。そしてライター教授が講義の中で何度も使用する「人間の尊厳」に興味を覚えたからだ。はじめは本当のところ、ニーチェの哲学を出発点においてきた私にとっては、この概念に何とも得体の知れない違和感を覚えた。でもこの概念を講義中何度も耳にしていると、不思議と妙に得心したりした。そして、ライター教授が当時所属していた、ドイツ議会付置のアンケート委員会（生命倫理委員会）の審議内容にも興味を覚えた。生の始まりと終わりの問題である。今回は終わりの問題について取り

上げた。
　なお、この間に以下の研究助成を得た。この場を借りて、関係機関に謝意を表したい。
- 富山第一銀行奨学財団平成 19 年研究助成『終末期医療をめぐる法的・倫理的規制のありかたへの提言』、2007 年
- 公益財団法人ファイザーヘルスリサーチ振興財団平成 23 年度国際共同研究『オランダ・ベルギー・ルクセンブルクの安楽死法の比較的研究』、2011 年
- 科学研究費・基盤（B）20320004「生命・環境倫理における「尊厳」・「価値」・「権利」に関する思想史的・規範的研究」代表・盛永審一郎、平成 20 年〜平成 22 年。
- 科学研究費・基盤（B）23320001「世界における終末期の意思決定に関する原理・法・文献の批判的研究とガイドライン作成」代表・盛永審一郎、平成 23 年〜平成 25 年
- 科学研究費・基盤（B）26284006「世界における患者の権利に関する原理・法・文献の批判的研究とわが国における指針作成」代表・小出泰士、平成 26 年〜平成 28 年

　特にファイザーからの研究助成を得て、『ベネルクス 3 国の安楽死法の比較研究』という講演会を、2012 年 3 月 27 日に京都大学、28 日に早稲田大学で開催した。オランダ・エラスムス大学からアグネス・ハイデ准教授、ベルギー・ブリュッセル大学からリュック・デリエンス教授、ルクセンブルク・ルクセンブルク大学からシュテファン・ブラウム教授を招聘した。なおこれらの講演内容は、『生命倫理研究資料集Ⅶ』(富山大学刊、2013 年 3 月) にて詳細に報告したが、今般早稲田大学の甲斐克則教授（共同研究者）により、講演論文のみ以下の書籍において刊行された。『海外の安楽死・自殺幇助と法』(甲斐克則翻訳、慶應義塾大学出版会、2015 年)。是非ともご参照いただければ幸いである。

　関係機関を訪問しインタビューをした際に、通訳としてお世話になったベイツ裕子氏（オランダ全般）、小沼有理子氏（ドイツ・イギリス・スイス）、水澤

有香氏（オランダ医師会）、南千穂氏（ハイデ氏富山講演通訳）にはお礼を申し上げたい。特にベイツ氏には、オランダ語からの日本語翻訳を多々していただいた。また本巻にも訳された資料の一部を掲載させていただいた。

　オランダの安楽死法の翻訳については早稲田大学の甲斐克則教授から掲載を承諾していただいた。お礼を申し上げたい。また科学研究費共同研究者のルクセンブルク担当の小林真紀・愛知大学法学部教授、ベルギー担当の本田まり・芝浦工大准教授からは、それぞれの貴重な論文・資料を本書に掲載していただくことができた。お二人の協力のおかげで、本書はベネルクス3国の安楽死法を比較研究する書として、珠玉の1冊になることができたのではないかと自負している。

　なお、いつも思うことであるが、人生とは不思議な出会いから成り立っているものとつくづく思う。今回の仕事に関しては、千葉大学名誉教授の飯田亘之先生との出会いがなければ、なかったと思う。先生には研究全般、通訳者のベイツ裕子氏のご紹介にいたるまで、本当にお世話になった。お礼を述べたい。

　末筆となったが、出版事情の厳しい中、社会の要請を察知し、快く本書の出版に応じてくれた東信堂社長の下田勝司氏に心から謝意を表したい。

平成28年2月7日　雪の霊峰・立山を仰ぎ見て

盛永審一郎

執筆翻訳分担紹介

監修者

盛永審一郎(もりなが　しんいちろう)　本編1、4

富山大学名誉教授。1948年生まれ、東北大学大学院文学研究科博士課程中退。研究テーマは実存倫理学、応用倫理学。
共編著:『生殖医療』『看護学生のための医療倫理』『医学生のための生命倫理』『教養としての応用倫理学』『理系のための科学技術者倫理』(以上、丸善出版)、『新版増補・生命倫理事典』(太陽出版)、共訳書クヴァンテ『ドイツ医療倫理学の最前線』(リベルタス出版)、『ハンス・ヨナス「回想記」』(東信堂)、ヤスパース『真理について4』(理想社)他。

執筆・翻訳者

小林真紀(こばやし　まき)　本編3、資料編3

愛知大学法学部教授。上智大学大学院法学研究科博士後期課程単位取得満期退学。パリ第一大学(フランス)にて、D.E.A.取得。研究分野は、フランス法およびヨーロッパ法、とくに生命倫理法。
主たる論文として「ルクセンブルクにおける終末期医療に関する法的枠組みの検討(1)・(2)―2009年緩和ケア法および安楽死法の分析から―」(愛知大学法学部法経論集、202号および205号)、「1994年生命倫理法判決(1994年7月27日判決)、2004年生命倫理法判決(2004年7月29日判決)」フランス憲法判例研究会編『フランスの憲法判例II』(信山社)所収他。

本田まり(ほんだ　まり)　本編2、資料編2

芝浦工業大学准教授。上智大学大学院法学研究科博士後期課程単位取得満期退学。研究分野は法学(比較法および医事法等)、主たるテーマは生命倫理(フランス語圏を中心として)。
共著書:甲斐克則編『医事法講座 第5巻　生殖医療と法』『医事法講座 第4巻　終末期医療と医事法』(信山社)、丸山英二編『出生前診断の法律問題』(尚学社)他。

ベイツ裕子(ベイツ　ひろこ)　資料編1

山口大学医療技術短期大学部卒業。1991年よりオランダ在住。
2010年より、アムステルランド病院ジャパンデスクに勤務。2011年個人会社を立ち上げ、(医療)通訳、翻訳に従事。

初出・関連論文一覧

盛永審一郎

- 「オランダ・ベルギー・ドイツにおける「安楽死」に関する現状（1）」富山医科薬科大学一般教育研究紀要 30 号、27-35、2003 年 12 月
- 「疑わしい場合は生のために」連載 7 回、北陸中日新聞文化欄、2007 年 2 月 18 日から毎週日曜日、2007 年 4 月 1 日まで。
- 「ヨーロッパにおける ELD の現状調査から見えてくるもの」富山大学杉谷キャンパス一般教育研究紀要 35 巻、1-10、2007 年 12 月
- 「狭い意味での自発的安楽死の倫理的許容性」生命倫理研究資料集Ⅴ、富山大学刊、99-104、2011 年 2 月
- 「比較：オランダ・ベルギー・ルクセンブルク安楽死法・資料」生命倫理研究資料集Ⅶ、富山大学刊、164-170、2013 年 2 月
- 「ベネルクス 3 国における安楽死法の比較研究（1）」『理想』（理想社）691 号、160-172、2013 年 9 月
- 「ベネルクス 3 国における安楽死法の比較研究（2）」『理想』（理想社）692 号特集終末期の意思決定、1-17、2014 年 3 月
- 「終末期における「医療化」と「自由化」」『学鐙春号』Vol.112 No.1、丸善、6-9、2015 年 3 月

小林真紀

- 「ルクセンブルク法における安楽死および自殺幇助：二〇〇九年安楽死法の成立とその適用に関する検討から」『理想』（理想社）692 号特集終末期の意思決定、42-51、2014 年 3 月
- 「ルクセンブルクにおける終末期医療に関する法的枠組みの検討（1）―2009 年緩和ケア法および安楽死法の分析から―」愛知大学法学部法経論集、202 号、17-38、2015 年 3 月
- 「ルクセンブルクにおける終末期医療に関する法的枠組みの検討（2）―2009 年緩和ケア法および安楽死法の分析から―」愛知大学法学部法経論集、205 号、53-84、2016 年 1 月

本田まり

- 「ベルギーにおける終末期医療に関する法的状況」、『理想』（理想社）692 号特集終末期の意思決定、30-41、2014 年 3 月
- 「終末期医療に関する法的状況 ― フランスとベルギーの比較から」年報医事法学 30 号、17-22、2015 年 9 月
- 磯部哲＝本田まり「安楽死に関する 2002 年 5 月 28 日の法律（ベルギー王国）」〔共訳〕日本医学哲学・倫理学会関東支部『医療と倫理』4 号、85-89 頁、2003 年 3 月

索　引

法律等

【オランダ】

遺体処理法 Wet op de lijkbezorging ·········· ii, 78, 121, 122, 124

医療契約法 446 条 1994 Artikel 446 ················ 11

緩和的鎮静のためのガイドライン（王立医師会）KNMG-richtlijn palliatieve sedatie, Utrecht, 2009 ·· 148

刑法293条および294条 Wetboek van strafrecht, artikel 293, artikel 294 ······························ 6, 124

『実施手引き書』2015　Code of Practice 2015 ··· 7, 94, 95, 134-150

要請に基づく生命終結および介助自殺（審査手続き）法（通称：安楽死法）2002 Toetsing van levensbeëindiging op verzoek en hulp bij zelfdoding en wijziging van het Wetboek van Strafrecht en van die Wet op de lijkbezorging（2002年4月1日施行） ··· 5, 119-125

【ベルギー】

安楽死に関する法律 28 MAI 2002. - Loi relative à l'euthanasie ···································· 37, 151-159

安楽死を未成年者に拡張することを目的として、安楽死に関する 2002 年 5 月 28 日の法律を改正する法律 28 FEVRIER 2014. – Loi modifiant la loi du 28 mai 2002 relative à l'euthanasie, en vue d'étendre l'euthanasie aux mineurs ······································· 42, 166, 167

患者の権利に関する法律 22 AOUT 2002. - Loi relative aux droits du patient ················ 45

緩和ケアに関する法律 14 JUIN 2002. - Loi relative aux soins palliatifs ················ 45, 160, 161

【ルクセンブルク】

安楽死および自殺幇助に関する法律 Loi du 16 mars 2009 sur l'euthanasie et l'assistance au suicide ········ 56, 57, 61, 63-74, 178- 186, 188, 191

医療機関に関する法律 Loi du 28 août 1998 sur les établissements hospitaliers ··············· 56, 57, 59

患者の権利及び義務に関する法律 Loi du 24 juillet 2014 relative aux droits et obligations du patient ··· 73

緩和ケア、事前指示書および終末期の付添いに関する法律 Loi du 16 mars 2009 relative aux soins palliatifs, à la directive anticipée et à l'accompagnement en fin de vie ············ 56, 57-63, 73-74, 168-177

【その他】

欧州人権条約 Convention européenne des droits de l'homme ····································· 38, 44, 51

オレゴン州の尊厳死法 Oregon Death with Dignity Act ··································· 8, 93, 94

カナダ・ケベック州の終末期ケア法 An Act respecting end-of-life care ························ 83

患者の権利および終末期に関する 2005 年 4 月 22 日の法律（フランス）Loi du 22 avril 2005 relative aux droits des malades et à la fin de vie

················74
生物医学に関する人権および人間の尊厳の保護のための条約（通称オヴィエド条約）Convention pour la protection des Droits de l'Homme et de la dignité de l'être humain à l'égard des applications de la biologie et de la médecine（Convention d'Oviedo）·········61

機関・組織

【オランダ】

安楽死クリニック（SLK）
　Stichting Levenseindekliniek············11, 19, 20, 23-25, 80, 130, 131

安楽死審査委員会 Regionale toetsingscommissies euthanasie = RTE·········7, 9, 10, 12, 13, 15-17, 19, 23, 24, 32, 92-94, 97, 119, 120,122, 125, 127-129, 130-132, 134

SCEN　Support and Consultation for Euthanasia in the Netherlands.·········13, 18, 22, 23, 24, 79, 142, 144

オランダ王立医師会 Royal Dutch Medical Association = KNMG·········13, 24, 25, 27, 85, 130

オランダ中央統計局 Zorg Onderzoek Nederland Medische Wetenschappen = ZonMW·········11, 132, 133

オランダ保健省および司法省·········28

レメリンク委員会 Remmelink Commission·········10, 26, 82

【ベルギー】

欧州生命倫理研究所　Europees Instituut voor Bio-ethiek, EIB / Institut Européen de Bioéthique, IEB·········41, 48, 49

憲法裁判所(憲法裁)Grondwettelijk Hof / Cour constitutionnelle, C. Const.·········43, 44

元老院 Senaat / Sénat·········37-39, 42, 43, 156, 159

国務院 Raad van State / Conseil d'État, CE·········37

終末期の情報フォーラム
　Levens Einde InformatieForum, LEIF·········13, 48, 79

終末期フォーラム Forum EOL·········48

尊厳死の権利協会 Association pour le Droit de Mourir dans la Dignité, ADMD·········41, 48-50

代議院 Kamer van volksvertegenwoordigers / Chambre des représentants·········38, 39, 42, 43, 45, 159

ベルギー生命倫理諮問委員会（生命倫理委員会）Belgisch Raadgevend Comité voor Bio-ethiek, BRCB / Comité consultatif de Bioéthique de Belgique, CCBB·········38, 46

連邦監督評価委員会（監督評価委員会）Federale Controle-en Evaluatiecommissie, FCEEC / Commission fédérale de contrôle et d'évaluation de l'application de la loi du 28 mai 2002 relative à l'euthanasie, CFCE·········40-43, 45, 47, 49, 155-159

【ルクセンブルク】

国民議会 Chambre des Députés·········56, 57, 60, 168, 178, 183, 185, 187

国務院 Conseil d'Etat·········56, 59-61, 168, 178, 183, 187

国家倫理諮問委員会 Commission Consultative Nationale d'Ethique pour les sciences de la Vie et de la Santé（C.N.E.）·········57

国立監督評価委員会 Commission Nationale de Contrôle et d'Evaluation·········63, 67-74, 179, 181, 182, 185, 188, 190, 191

裁判等

【オランダ】

シャボット裁判 1994 Chabot judgement, mental

case ··· 106, 141
スコーンハイム裁判 1984 Schoonheim case ··· 106, 135
フェンケン裁判 2003 Vencken case ················· 106
ブロンヘルスマ裁判 2002 Brongersma-case
 ··· 106, 134
ポストマ裁判 1973 Postoma case ··················· 106

【ベルギー】

憲法裁判所による 2015 年 10 月 29 日の判決 2015 ··· 43
ナタン／ナンシー・フェアヘルスト 2012 Nathan/Nancy VERHELST ························ 50

ヒューホ・クラウス 2008　Hugo CLAUS
 ··· 49, 50
フランク・ファン・デン・ブリーケン　Frank VAN DEN BLEEKEN ························· 51
マルクとエディー・フェアベッセム 2012　Marc and Eddy VERBESSEM ·················· 50

【その他】

東海大学「安楽死」事件横浜地裁判決
 ····································· 12, 13, 93, 103

事項索引

なお、引用頁を、ベルギー関連は斜字、ルクセンブルク関連は下線を引いてある。また重要な事項には原語を付した。その際、(蘭)はオランダ語、(仏)はフランス語、(独)はドイツ語で、何も付していないのは英語である。また B はベルギーで、L はルクセンブルクである。なお太字の数字は特に重要な頁。

ALS ································· 132, 136
QOL ································· 87
アルツハイマー病
　Alzheimer（蘭）／maladie d'Alzheimer（仏）
　················ *40, 50* 112, 116
インフォームド・コンセント ············ 16, 93
カトリック ························ 25
うつ(病) dépression（仏）···· 28, 29, 80, 142
　40, 41, 51
がん(癌) Kanker, cancer（仏）······67, 10, 22, 28,
　81, 85, 92, 136　**66, 71, 189**
グラスゴーコマスケール（GCS）······· 146, 147
ケアリング ····················· 15, 17, 97
コミュニケーション ········· 137, 138, 139, 144, 147
ジェスチャー ················· 139, 140, 143
ディグニタス ·························· ii
ナチスドイツ ·························· 8
バイオエシックス ······················ 16
パターナリズム ················ iii, 16, 29
バルビツレート剤 barbiturate（蘭）······ 8　*41*　**189**
ハンチントン病 ······················ 136

あ

安楽死 euthanasie（蘭）／euthanasie（仏）の定義
　···· ii, 79, 102, 103　*38, 39, 151*　<u>178-189, 191</u>
　自発的— ···················· 6, 26, 28, 30
　非自発的— ···················· 8, 30, 31, 32

反自発的— ················ 8, 30, 31
安楽死後の臓器提供 Orgaandonatie na euthanasie
　(蘭) ····················· 132, 133　*49*
安楽死法
　euthanasiewet（蘭）／Loi relative à l'euthanasie,
　loi sur l'euthanasie（et l'assistance au suicide）
　(仏) ··· 6,10,119-126　*37, 151-157*　<u>56, 57, 61,</u>
　　　　　　　　　　　　　　<u>63-74, 178-186</u>
安楽死審査委員会報告書 ······· 17, 19, 25, 26, 32,
　　　　　　　　　　　　　　123, 130
生きるのに疲れた klaar met leven（蘭）→実存
　的苦悩
意識低下 ························· 149
意思決定 ·························· 27
意思表明(示)（オランダ）wilsverklaring（蘭）
　················ 28, 92, 93, 95, **137-140**, 143
意思表明書（宣言書）wilsverklaring（蘭）
　··· 22, 95, 96, 120, 127, 129, 131, 137-140, 143-8
　　　　　　　　　　　　　　162
意思表明書の有効期限 ········· 95, 139　*45, 154*
医師の信条
　convictions du médecin（仏）····<u>60, 62, 67, 69,</u>
　　　　　　　　　　　　<u>72, 73, 170</u>
意図 ···························· 16, 87-91
意図的 intentionnellement（仏）·········· 29, 87, 88
　　　　　　　　　　39, 151　<u>63, 64, 178</u>
意図と予見 ················· 87, 88, 89-91

索 引　205

違法性阻却 …………………………………27, 80
医療化 ……………………………………14, 25, 28
医療保険（疾病保険）assurance maladie（仏）
　…………………………………………………9　168
永続的で耐えがたい苦しみ
　unbearable suffering uitzichtloos en ondraaglijk
　lijden（蘭）／constant(e) insupportable（仏 B）
　……… 142　*42, 151, 152, 157, 166*　64, 71, 178,
　　　　　　　　　　　　　　　　　179, 184
延命治療 ……………………………………59, 74
思いやり（compassion）
　mededogen（蘭）………………………14, 15, 97

か

介助自殺（自殺幇助）assisted suicide ………5, 7,
　8, 10, 81, 83, 86, 113, 119, 120, 121, 122, 123,
　　　　　　　　　　124, 125, 126, 129
家族 ……94, 138, 141, 147, 150　*50, 160*　59, 60,
　　　　　　　　　　　　　62, 65, 170, 173, 176
家庭医 huisarts（蘭）……………7, 8, 20-25, 82, 138
勧告 ……………………………………70, 72, 73, 185
患者の権利
　rechten van de patiënt（蘭）／droits du patient
　／rechten van de patient（仏）……5, 11, 85　*45,*
　　　　　　　　　　　　　　　　　　46　73
患者の権利法 ……………………………80　73
患者の視点 …………………………………136
患者の要請
　Verzoek van de patiënt（蘭）／demande du patient
　（仏）………*39, 43, 151, 166, 167*　63, 64, 66, 67,
　　　　　　　　　　71, 72, 178, 179, 180, 186
患者の利益 …………………………………91
看護師 ………………………………………25
緩和医療（の結果としての）死 ……ii, 83, 91
緩和ケア（医療　治療）
　palliatieve zorg（蘭）／soins palliatifs（仏）
　…… 14, 26, 27, 79, 81, 84-88, 92　*37, 45, 48, 49,*
　51, 52, 151, 160, 161　56-58, 67, 168, 169, 173,

　　　　　　　　　　　　　　174, 176, 179
緩和ケア法 …………………………………81
緩和ケアを受ける権利 droit aux soins palliatifs
　（仏）………*160*　56-58, 168, 173, 174
緩和的鎮静（セデーション）palliatieve sedatie
　（蘭）…… 26, 82, 84-86, 134, 135, **148-149**, 150
　　　　　　　　　　　　　　　　　59, 74
希望のなさ ……………………………135, 136
筋弛緩剤 ……………………………………5　189
苦痛（痛み）……………………………12, 13, 15
耐えがたい苦痛（苦しみ）…… 6, 12, 14, 25, 79,
　96, 97, **134-137**, 138, 141, 143,148,149,150
経管栄養 ……………………………………85
刑事責任 ……………………………………59, 64
健康保険 ……………………………18, 19, 20
検察官 …………………………122, 125, 127-129
検死官（医）lijkschouwer（蘭）……23, 124, 125,
　　　　　　　　　　　　　　　127-129
原則主義 ……………………………………15
口頭による mondelinge（蘭）………137, 138,
　　　　　　　　　　　　139, 146, 147, 150
高福祉 ………………………………………16, 25
国民皆保険 …………………………………17
昏睡／意識低下 Coma/verlaagd bewustzin（蘭）
　…………………………………………**145-148**

さ

最善の利益 ……………………………30, 31
作為と不作為 ………………………87, 88, 89-91
死ぬ権利 ……………………………………11, 14
自己決定（能力）self-determination ………31
自己決定権 …………………………25, 29, 80
自殺傾向 ……………………………………*40*
自殺ツアー …………………………………65
自殺幇助（→介助自殺）
　assisted suicide, hulp bij zelfdoding（蘭）／
　assistance au suicide（仏）／complicité du suicide
　（仏）……7, 83　*38, 41, 49*　56, 57, 63-72, 178,

　　　　　　　179, 182, 183, 184, 185, 186, 187, 188
自死 ·· 11
事前指示書 directive anticipée（仏）········ 81, 93
　　　　　　　60-63, 74, 169, 170, 171, 173
事前の宣言（ベルギー）
　　déclaration anticipée（仏 /B）···· *40, 45, 153, 162*
失語症 afasie（蘭）···································· **145**
実存的苦悩（生きるのに疲れた）······ 29, 30, 80,
　　　　　　　　　　　　　　　　　96, 149-150
執拗な治療
　　therapeutische hardnekkigheid（蘭）／acharnement
　　thérapeutique（仏B）／ obstination déraisonnable
　　（仏 L）·· *46*
死の援助 Sterbehilfe（独）·························· 29
自発的 ···· 12, 14, 79, 94, 95, 120, 138, 141, 142, 145
自発的な要請
　　voluntary, Vrijwillig verzoek（蘭）／demande
　　volontaire（仏）／demande volontaire ··· *50, 151,*
　　　　　152, 159　63, 64, 178, 179, 184
慈悲心 barmhartigheid（蘭）······················ 15
自由化 ··· 16
主治医 médecin traitant（仏）······ *43, 44, 152,153,*
　　　161, 166　62, 66, 67, 69, 72, 73, 170, 171,
　　　　　　　　　　　　　　　　　179-184
受任者 personne(s) de confiance（仏）···· *40, 46,*
　　154-156, 159, 162, 163, 165　60, 62, 65-69,
　　　　72, 73, 169, 170, 179-183, 186, 193, 194
終末期
　　sterfensfase（蘭）／ fin de vie（仏）······ 14, 15,
　　17, 26, 28, 81, 92, 93, 150　*37, 40, 44,46-48,53,*
　　159, 163　56-68, 61, 64, 74, 168, 169, 170-173,
　　　　　　　　　　　　　　　　175, 176, 181
終末期ケア法（カナダ）······························ 83
終末期の意向書（ルクセンブルク）
　　disposition de fin de vie（仏 R）··········· 56, 61, 63,
　　　　67-69, 71, 74, 179, 180-184, 188, 190, 191
熟考（的な）well considered
　　Weloverwogen（蘭）／ réfléchi(e)（仏）···· 120,

　　138, 141, 142, 145, 150　*50, 151, 152, 157*　184
書面 schriftelijike としての意思表示 ············· 150
自立 ·· 136
自律（－的、－性、－権）········ 6, 15, 16, 25, 29,
　　　　32, 80, 85, 97, 143　*46, 51, 160*
自律的決定 ·· 28
事理弁識能力（→判断能力）
　　wilsbekwaarm（蘭）／ capacité de discernement
　　（仏）／ **oordeelsbekwaam**（蘭 /B）··· *42-44,*
　　　　　　　　　　　　　　　　49, 52, 166
信頼（－性、－関係）············ 16, 20, 25, 27, 81, 86
人格個性 Persönlichkeit（独）············ 31, 88, 91
身体的（苦痛→肉体的苦痛）
　　fysieke lijden（蘭）························· 80, 96, 134
身体の完全性 ································· *44, 45*
推定される意思
　　volonté présumée（仏 R）···················· 59, 169
すべり坂（－論証）（ダム決壊議論）····· 6, 10,
　　　　　　　　　　　　　　　　　　30, 96
正義・公平原則 ·· 97
精神科医 ·································· 141, 142, 143
精神疾患
　　Psychiatrische aandoenigen（蘭）／**maladie**
　　psychique（仏 B）················14, 130, 131,
　　　　　　　　132, **141, 142**　*40, 41, 50*
精神的（－苦悩）································ 80, 96, 134
精神的（な）苦痛
　　psychische lijden（蘭）／ souffrance psychique
　　（仏）··· *39, 44, 49-52, 151, 152*　64, 168, 169,
　　　　　　　　　　　　　　　　　178, 179
生命の質（→ QOL）···························· 91　*160*
生命の神聖性さ ··· 91
生命の尊重 ··································· 14, 84
生命終結（生命を終わらせる）
　　Levensbeëindiging, mettre fin à la vie（仏）
　　······· 119-126, 134, 139, 140, 143, 144, 148, 149
　　　　　　　　　39, 44, 49, 151　63, 64, 178
責任 ·· 80, 90

索引　207

説明責任 accountability……144
専門医……21, 27, 82, 142, 144, 145, 150　*152*
相談医（médecin consulté）（仏）……119, 129, 134, 142, 143, 144, 145, 147, 148, 149　*152-158*
相当の注意（＝注意深さの要件）……12, 119, 120, 121, 122, 124, 133, 138
尊厳 waardigheid（蘭）dignité（仏）……85, 135, 136, 143　*44, 46*　<u>56, 58, 74, 168</u>
尊厳死……ii, iii, 25, 83, 87, 88, 91　*41, 48*

た

代理人……*43, 46, 166, 167*
知的障害 verstandelijke（蘭）……145
注意深さの要件 zorgvuldigheidseisen（蘭）……6, 10, 11, 12, 14, 17, 18, 19, 25, 92, 93, 94, 96, 102, 129, 130-132, 136, 137, 138, 140, 141, 142, 143, 145
懲戒手続 poursuite disciplinaire（仏）……<u>70, 184</u>
治療拒否……*45, 46*
治療の差し控え・中止……iii, 26, 27, 83, 87, 91　<u>56, 58, 59, 74, 169, 170</u>
治療を拒否する権利……11
鎮静（セデーション CDS）→緩和的鎮静
通常の医療 normale medische handelen（蘭）……27, 84, 148
伝記……136
同意 consentement consentement（仏）……26, 80, 87　*39, 46, 51, 161*　<u>59, 60, 169</u>
同意原則（自律性）……16, 25
動機の転移……15, 97
疼痛……22　<u>58, 61, 169, 170, 183</u>
透明性……16, 17, 19, 25, 26, 30, 32, 81　<u>66</u>
登録 enregistrement（仏）……*47, 154-157, 162-164*　<u>63, 67-69, 71, 72, 74, 179, 181, 190, 191</u>
独立した（相談）医師
　independent onafhankelijke（蘭）／consulent（蘭）／indépandant médecin consulté（仏）
　12, 13, 15, 18, 79, 97, 120, 138　*48*　<u>152, 155</u>

届出……104　*155*　<u>182</u>

な

肉体的（な）苦痛（→身体的苦痛）
　souffrance physique（仏）…*39, 42, 151, 152,166*　<u>64, 66, 169, 178, 179</u>
認知症
　dementie（蘭）／démence（仏）……6, 13, 16, 28, 92-4, 96, 131-2, 136, **143**, **146**　*40, 42, 46, 50*
認知的観点……91
年齢……81

は

賠償請求……27
反自発的安楽死→安楽死
判断能力（のある）＝良識のある wilsbekwaarm（蘭）……29, 31, 140, 141, 142,143, 145, 150　*43,49*
非合理的な執拗さの拒否 refus de l'obstination déraisonnable（仏）……27　<u>169</u>
非自発的安楽死→安楽死
評価的−意志的観点……91
評価の余地 marge d'appréciation（仏）……*38, 44*
秘密保持……122, 123
不可逆的意識低下……148
不作為……88-91
不治の病 incurable disorder／affection incurable（仏）……80　*43, 151-153,156, 166*　<u>58, 59, 62, 69,168-171, 180, 181, 184, 191, 192</u>
不適切な治療 traitements inappropriés（仏）……<u>58, 59, 169</u>
法的能力……*39, 42, 46, 151, 153, 166*
ホスピス……83, 92

ま

マイノリティ……9
末期状態（死期の切迫）
　binnen afzienbare termijn het overlijden tot

gevolg heeft（蘭）／ en phase terminale, décès à brève échéance（仏）····39, 40, 50, 52　*168, 169*
未成年者
　minderjarige（蘭）／ mineur（仏）···· *39, 42-45, 52,151,153,166, 167*　61, 65, 68, 74
未成年の患者 minderjarige（蘭）·········· **140, 141**
民事上の責任·································59, 64, 65
民事訴訟···27
無加害···80

余命··7, 14　*151*　67, 179

ら

利益 interest·································*153, 154*
利他心···97
良心条項・良心的拒否
　Gewetensclausules（蘭）／ clause de conscience（仏）·······································25　*42, 52*
老化··150

や

薬局·······································22, 23　*41, 153*
与益（善行・滋恵・beneficence）原則······30, 97
予見···16

人　名　索　引

カント　　Kant, I.··································15
ヴァイリック　Wijlic, Eric van ················24, 85
ヴィーチ　 Veatch, R. M. ························25
ウェイヤース　Weyers, H.·························24
クヴァンテ　 Quante, M. ········25, 31, 32, 88-91
クーゼ　　Kuhse, H.···············16, 17, 30-32, 87-91
クローネ　Klöne, A.··························20, 28
ソンダース　Saunders, C.························iv
デリエンス　Deliens, L.····················10　*45*
デルデン　Delden, JJM van.······6, 14, 15, 83, 85
ノディングス　Noddings, N. ····················97

ハイデ　　Heide, A. van ·······················9, 93
ビゼー　　Visée, Nicole E. C. ···············15, 24
ビーチャム　Beauchamp, Thom L. ···············29
フォルマン　Vollmann, J.···························29
ブラウム　 Braum, S.································86
ブローム　Blom, G. ·································20
ヘーゲル　Hegel, W. F. ····························19
マッコア　Mackor, A. R. ···························24
ミネリ　　Minelli, Ludwig A. ·················iii, iv
ミル　　　Mill, J, S.··································29

安楽死法：ベネルクス3国の比較と資料

2016年5月20日　初版第1刷発行　　　　　　　　　　〔検印省略〕

＊定価はカバーに表示してあります

監修者 © 盛永審一郎　発行者　下田勝司　　　　　印刷・製本　中央精版印刷

東京都文京区向丘 1-20-6　郵便振替 00110-6-37828
〒 113-0023　TEL 03-3818-5521（代）FAX 03-3818-5514
E-Mail tk203444@fsinet.or.jp　URL: http://www.toshindo-pub.com/

発行所　株式会社　東信堂

Published by TOSHINDO PUBLISHING CO.,LTD.
1-20-6, Mukougaoka, Bunkyo-ku, Tokyo, 113-0023, Japan

ISBN978-4-7989-1359-9 C3032　　©S. Morinaga

東信堂

ハンス・ヨナス「回想記」	H・ヨナス／盛下・木下・馬渕・山本訳	四八〇〇円
責任という原理――科学技術文明のための倫理学の試み〈新装版〉	H・ヨナス／加藤尚武監訳	四八〇〇円
原子力と倫理――原子力時代の自己理解	加藤尚武編著	一八〇〇円
科学の公的責任――科学者と私たちに問われていること	小笠原・野平編訳	一八〇〇円
生命科学とバイオセキュリティ	小笠原道雄編	一八〇〇円
バイオエシックス入門〈第3版〉――デュアルユース・ジレンマとその対応	河ノ宮成祥・四ノ宮成人編著	二四〇〇円
医学の歴史	今井道夫・香川知晶編著	二三八一円
安楽死法：ベネルクス3国の比較と資料	石渡隆司・盛永審一郎監訳	四六〇〇円
死の質――エンド・オブ・ライフケア世界ランキング	盛永審一郎監修	二七〇〇円
生命の神聖性説批判	H・クーゼ著／飯田・石川・小野谷・片桐・水野訳	四六〇〇円
医療・看護倫理の要点	丸祐一・小野谷加奈恵・飯田亘之編	二〇〇〇円
概念と個別性――スピノザ哲学研究	朝倉友海	四六〇〇円
〈現われ〉とその秩序――メーヌ・ド・ビラン研究	村松正隆	三八〇〇円
省みることの哲学――ジャン・ナベール研究	杉村靖彦	三八〇〇円
ミシェル・フーコー――批判的実証主義と主体性の哲学	越門勝彦	三二〇〇円
カンデライオ（ブルルダーノ著作集・1巻）	手塚博	三二〇〇円
原因・原理・一者について（ブルルダーノ著作集・3巻）	加藤守通訳	三二〇〇円
傲れる野獣の追放（ブルルダーノ著作集・5巻）	加藤守通訳	三二〇〇円
英雄的狂気（ブルルダーノ著作集・7巻）	加藤守通訳	四八〇〇円
〈哲学への誘い――新しい形を求めて　全5巻〉	加藤守通訳	三六〇〇円
哲学の立ち位置	松永澄夫編	三二〇〇円
哲学の振る舞い	鈴木泉編	三二〇〇円
社会の中の哲学	村瀬鋼編	三二〇〇円
世界経験の枠組み	高橋永大也編	三二〇〇円
自己	松永澄夫・伊佐敷隆弘編	三二〇〇円
画像と知覚の哲学――現象学と分析哲学からの接近	浅野泰淳・佐藤邦政編著	三二〇〇円
経験のエレメント――体の感覚と物象、知覚、質と空間規定	小熊正久編著	四六〇〇円
価値・意味・秩序――もう一つの哲学概論：哲学が考えるべきこと	清塚邦彦編著	二九〇〇円
哲学史を読む I・II	松永澄夫	各三八〇〇円
言葉の力〈音の経験・言葉の力第I部〉	松永澄夫	三九〇〇円
音の経験〈音の経験・言葉の力第II部〉	松永澄夫	四六〇〇円
――言葉はどのようにして可能となるのか	松永澄夫	二八〇〇円

〒113-0023 東京都文京区向丘1-20-6
TEL 03-3818-5521　FAX 03-3818-5514　振替 00110-6-37828
Email tk203444@fsinet.or.jp　URL http://www.toshindo-pub.com/
※定価：表示価格（本体）＋税

東信堂

国際法新講〔上〕	田畑茂二郎	二九〇〇円
〔下〕		二七〇〇円
ベーシック条約集〔二〇一六年版〕	編集代表 薬師寺・坂元・浅田 〔上〕	二六〇〇円
	〔下〕	一五〇〇円
ハンディ条約集〔第2版〕	編集代表 薬師寺・坂元・浅田	八六〇〇円
国際環境条約資料集	編集代表 松井・富岡・田中・薬師寺・西村	三八〇〇円
国際人権条約・宣言集〔第3版〕	編集 松井・薬師寺・徳川	三二〇〇円
国際機構条約・資料集〔第2版〕	編集代表 香西 仁茂	三八〇〇円
判例国際法〔第2版〕	編集代表 松井芳郎	三八〇〇円
国際環境法の基本原則	松井芳郎	三八〇〇円
国際民事訴訟法・国際私法論集	高桑昭	六五〇〇円
国際機構法の研究	中村道	八六〇〇円
日中戦後賠償と国際法	田中則夫	六八〇〇円
国際海洋法の現代的形成	坂元茂樹編著	四六〇〇円
国際海峡	坂元茂樹	四二〇〇円
条約法の理論と実際	村瀬信也	六八〇〇円
国際立法――国際法の法源論	浅田正彦	五二〇〇円
国際法〔第3版〕	浅田正彦編著	二九〇〇円
小田滋・回想の海洋法	小田滋	七六〇〇円
小田滋・回想の法学研究	小田滋	四八〇〇円
国際法と共に歩んだ六〇年――学者として裁判官として	小田滋	六八〇〇円
21世紀の国際法秩序――ポスト・ウェストファリアの展望	R・フォーク 川崎孝子訳	三五〇〇円
国際法から世界を見る――市民のための国際法入門〔第3版〕	松井芳郎	二八〇〇円
国際法／はじめて学ぶ人のための〔新訂版〕	大沼保昭	三六〇〇円
プレリュード国際関係学	板名範久純彦編	二四〇〇円
核兵器のない世界へ――理想への現実的アプローチ	黒澤満編	二三〇〇円
軍縮問題入門〔第4版〕	黒澤満著	二五〇〇円
ワークアウト国際人権法	中坂・徳川訳 W・ベネデック編	三〇〇〇円
難民問題と『連帯』――EUのダブリン・システムと地域保護プログラム――人権を理解するために	中坂恵美子	二八〇〇円
難民問題のグローバル・ガバナンス	中山裕美	三二〇〇円

〒113-0023 東京都文京区向丘1-20-6
TEL 03-3818-5521 FAX 03-3818-5514 振替 00110-6-37828
Email tk203444@fsinet.or.jp URL:http://www.toshindo-pub.com/

※定価：表示価格（本体）＋税

東信堂

園田保健社会学の形成と展開	山手茂編著	三六〇〇円
社会的健康論	米林喜男編著	三六〇〇円
保健・医療・福祉の研究・教育・実践	須田木綿子 園田恭一	二五〇〇円
研究道 学的探求の道案内	山手茂 園田恭一 米林喜男 編	三四〇〇円
福祉政策の理論と実際（改訂版）福祉社会学研究入門	平岡公一・武川正吾・山田昌弘・黒田浩一郎 監修	二八〇〇円
認知症家族介護を生きる——新しい認知症ケア時代の臨床社会学	三重野卓 編	二五〇〇円
社会福祉における介護時間の研究——タイムスタディ調査の応用	平岡公一 編	四二〇〇円
発達障害支援の社会学	井口高志	—
介護予防支援と福祉コミュニティ	渡邊裕子	五四〇〇円
対人サービスの民営化——行政・営利・非営利の境界線	須田木綿子	三三〇〇円
グローバル化と知的様式——社会科学方法論についての七つのエッセー	J・ガルトゥング 大矢重修・澤光太次郎 訳	二八〇〇円
社会的自我論の現代的展開	船津衛	二四〇〇円
社会学の射程——ポストコロニアルな地球市民の社会学へ	庄司興吉	三二〇〇円
地球市民学を創る——変革のなかで	庄司興吉編著	三二〇〇円
現代日本の階級構造——理論・方法・計量・分析	橋本健二	四五〇〇円
文明化と暴力——エリアス社会理論の研究	内海博文	三四〇〇円
人間諸科学の形成と制度化——社会諸科学との比較研究	長谷川幸一	三八〇〇円
現代社会と権威主義——フランクフルト学派権威論の再構成	保坂稔	三六〇〇円
観察の政治思想——アーレントと判断力	小山花子	二五〇〇円
インターネットの銀河系——ネット時代のビジネスと社会	M・カステル 矢澤・小山訳	三六〇〇円
マナーと作法の社会学	加野芳正編著	二四〇〇円
マナーと作法の人間学	矢野智司編著	二〇〇〇円

〒113-0023 東京都文京区向丘1-20-6
TEL 03-3818-5521　FAX 03-3818-5514　振替 00110-6-37828
Email tk203444@fsinet.or.jp　URL:http://www.toshindo-pub.com/
※定価：表示価格（本体）＋税

東信堂

宰相の羅針盤（改訂版）―総理がなすべき政策	村上誠一郎＋21世紀戦略研究室	一六〇〇円
福島原発の真実 日本よ、浮上せよ！このままでは永遠に収束しない―原子炉を「冷温密封」する！	村上誠一郎＋原発対策国民会議	二〇〇〇円
3・11本当は何が起こったか：巨大津波と福島原発―まだ遅くない―科学の最前線を教材にした暁星国際学園「ヨハネ研究の森コース」の教育実践	丸山茂徳監修	一七一四円
21世紀地球寒冷化と国際変動予測―2008年アメリカ大統領選挙	丸山茂徳　勝徳訳著	一六〇〇円
オバマの勝利は何を意味するのか―2008年アメリカ大統領選挙	吉野孝 前嶋和弘編著	二〇〇〇円
オバマ政権はアメリカをどのように変えたのか―支持連合・政策成果・中間選挙	吉野孝 前嶋和弘編著	二六〇〇円
オバマ政権と過渡期のアメリカ社会―選挙、政党、制度メディア、対外援助	吉野孝 前嶋和弘編著	二四〇〇円
オバマ後のアメリカ政治―二〇一二年大統領選挙と分断された政治の行方	吉野孝 前嶋和弘編著	二五〇〇円
ホワイトハウスの広報戦略―大統領のメッセージを国民に伝えるために	M・J・クマー　吉牟田剛訳	二八〇〇円
「帝国」の国際政治学―冷戦後の国際システムとアメリカ	山本吉宣	四七〇〇円
アメリカの介入政策と米州秩序―複雑システムとしての国際政治	草野大希	五四〇〇円
国際開発協力の政治過程―国際規範の制度化とアメリカ対外援助政策の変容	小川裕子	四〇〇〇円
北極海のガバナンス	奥脇直也 城山英明編著	三六〇〇円
政治学入門―日本政治の新しい夜明けはいつ来るか	内田満	一八〇〇円
政治の品位	内田満	二〇〇〇円
日本型移民国家の創造	坂中英徳	二四〇〇円
新版 日本型移民国家への道	坂中英徳	二四〇〇円
戦争と国際人道法―その歴史と現状	井上忠男	二四〇〇円
新版 世界と日本の赤十字	森桝正尚孝	二四〇〇円
解説 赤十字の基本原則―人道機関の理念と行動規範（第2版）	井上忠男訳	一〇〇〇円
赤十字標章の歴史―人道のシンボルをめぐる国家の攻防	J・ピクテ F・ブニョン 井上忠男訳	一六〇〇円

〒113-0023 東京都文京区向丘1-20-6
TEL 03-3818-5521 FAX 03-3818-5514 振替 00110-6-37828
Email tk203444@fsinet.or.jp URL:http://www.toshindo-pub.com/

※定価：表示価格（本体）＋税

東信堂

オックスフォード キリスト教美術・建築事典	P&L マレー著 中森義宗監訳	三〇〇〇〇円
イタリア・ルネサンス事典	J・R・ヘイル編 中森義宗監訳	七八〇〇円
美術史の辞典	P・デューロ 中森義宗監訳	三六〇〇円
書に想い 時代を読む	中森義宗・清水忠訳他	一八〇〇円
日本人画工 牧野義雄―平治ロンドン日記	河田悌一	五四〇〇円
〈芸術学叢書〉	ますこ ひろしげ	
芸術理論の現在―モダニズムから	谷川渥編著	三八〇〇円
絵画論を超えて	藤枝晃雄編著	四六〇〇円
美を究め美に遊ぶ―芸術と社会のあわい	尾崎信一郎	三八〇〇円
バロックの魅力	荻江藤光紀佳紀編著	二六〇〇円
新版 ジャクソン・ポロック	田中厚子編	二六〇〇円
美学と現代美術の距離 ―アメリカにおけるその乖離と接近をめぐって	小穴晶子編	二六〇〇円
ロジャー・フライの批評理論―知性と感受	藤枝晃雄	三八〇〇円
レオノール・フィニ―境界を侵犯する	金悠美	三八〇〇円
いま蘇るブリア=サヴァランの美味学	要真理子	四二〇〇円
〈世界美術双書〉	尾形希和子	二八〇〇円
	川端晶子	三八〇〇円
レオナルド・ダ・ヴィンチの世界	井出洋一郎	二三〇〇円
キリスト教シンボル図典	中森義宗	二三〇〇円
パルテノンとギリシア陶器	関隆志	二三〇〇円
中国の版画―唐代から清代まで	小林宏光	二三〇〇円
象徴主義―モダニズムへの警鐘	中村隆夫	二三〇〇円
中国の仏教美術―後漢代から元代まで	久野美樹	二三〇〇円
セザンヌとその時代	浅野春男	二三〇〇円
日本の南画	武田光一	二三〇〇円
画家とふるさと	小林忠	二三〇〇円
ドイツの国民記念碑―一八一三年	大原まゆみ	二三〇〇円
日本・アジア美術探索	永井信一	二三〇〇円
インド、チョーラ朝の美術	袋井由布子	二三〇〇円
古代ギリシアのブロンズ彫刻	羽田康一	二三〇〇円

〒113-0023 東京都文京区向丘 1-20-6
TEL 03-3818-5521 FAX 03-3818-5514 振替 00110-6-37828
Email tk203444@fsinet.or.jp URL:http://www.toshindo-pub.com/

※定価：表示価格（本体）＋税